リアルな花々が作れる

はじめての花つまみ細工

蒼菊

はじめに

今では手軽に始められる手芸の1つとして、ポピュラーになりつつあるつまみ細工。
私がつまみ細工に出会ったのは6年前の夏でした。
日本の伝統工芸でありながらも、小さな布とピンセットと糊さえあれば始められ、
小さなつまみが集まってできるつまみ細工ならではの
かわいらしさや美しさに魅かれて、どんどんのめりこんでいきました。

もともと花が好きで、特に芍薬やイングリッシュローズといった
花びらの多い花が好きだった私は、
つまみ細工で何とか表現できないかと芍薬にチャレンジし作り始めたのが、
現在の生花のようなつまみ細工の始まりでした。

花びらの付き方や花芯の表現、葉の姿など生花を観察し、
それぞれの花の形に応じた土台作りや葺き方を工夫することで、
つまみ細工でも様々な花を作ることができます。

本書では、伝統的なつまみ細工から
少しアレンジすることでできる生花の花々を紹介しています。
色を変えたり、花の数を増やしたりしてオリジナルの花々を楽しむほか、
組み上げ次第でアクセサリーやインテリア、髪飾りにも応用できます。
ぜひ楽しみながら、たくさんの花を咲かせていただけたら嬉しいです。

蒼菊

目次

本書で登場するつまみ細工用語

ここでは本書で頻出するつまみ細工の基本的な用語や注意事項を紹介します。

【 つまむ 】

正方形の布をピンセットで折り畳み、花や葉の形を作ることを「つまむ」といいます。

【 葺く 】

つまみを土台に並べて配置することを「葺く」といいます。

【 端切り 】

つまみの裁ち目や根元をカットして、つまみの高さを調節することを「端切り」といいます。作品によってこの端切りをし、高さを変えます。

ペップの本数について

材料に記載している本数はペップの粒数です。ペップは両端に粒がついているペップ（両付きペップ）と、片方にだけ粒がついているペップ（片付きペップ）があるので、本書では使用する粒＝本としています。（5本＝5粒）

刺繍糸について

刺繍糸は使用する場所などで本数が違いますが、本書では本数が明記されていない場合は「2本取り」で使用しています。

地巻きワイヤーについて

地巻きワイヤーには茶、緑、白など様々な色がありますが、本書の中で色が明記されていない場合、緑を使用しています。

つまみの名称

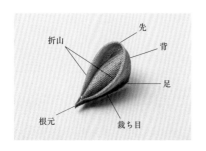

先
折山
背
足
根元
裁ち目

ひばり結びについて

花や葉の付け根からワイヤーにかけて刺繍糸を巻く際は、「ひばり結び」の方法で巻き付けます。

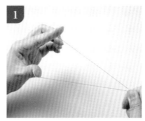

1 刺繍糸を二つ折りにして、親指と人差し指にかける。

2 糸を緩ませ親指と人差し指を2本の糸の奥で合わせる。

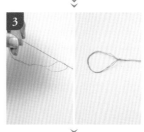

3 親指と人差し指で2本の糸を引きこみ、写真のような輪を作る。

4 輪をワイヤーに通して引く。

PART 1 つまみ細工のいろは

道具・材料紹介

1. **カッティングマット** … 布を切るときや目打ちで穴を開けるときに使う。

2. **糊板** … でんぷん糊を伸ばして、つまみを休ませるのに使う。

3. **牛乳パック** … つまみを着色するときに、糊板の代わりに使う。

4. **ロータリーカッター** … 布を切るときに使う。

5. **糊ヘラ** … でんぷん糊を練るときに使う。

6. **定規** … 布を切るときや材料の長さを測るときに使う。

7. **ピンセット（大小）** … 布をつまむときに使う。先端に滑り止めがなく滑らかなものがおすすめ。布の大きさにより使い分けると良い。

8. **キッチンペーパー** … 布をつまむときに湿らせたり、乾いたもので布の水分を取るときに使う。

9. **色彩皿** … 濡らしたキッチンペーパーを置くために使う。小皿でも良い。

10. **スポンジ** … 制作途中の作品を刺しておくもの。

11. **でんぷん糊** … つまみ細工用の糊がおすすめ。

12. **ふきん** … 道具や指についたボンドや糊を拭きとるときに使う。

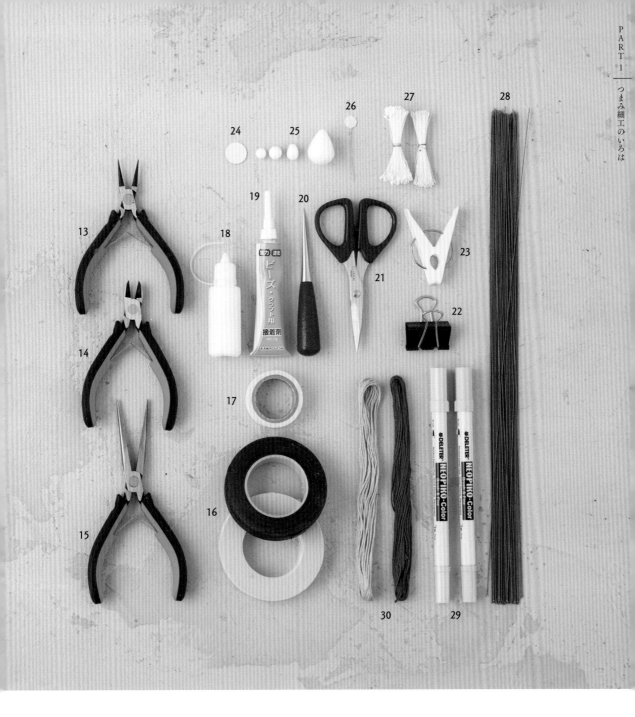

13. **丸ヤットコ** … ワイヤーなどを丸めるときに使う。

14. **ニッパー** … ワイヤーなどをカットするときに使う。

15. **平ヤットコ** … ワイヤーなどを曲げるときに使う。

16. **フローラテープ** … 材料を固定したり補強する際に使う。

17. **マスキングテープ** … 材料を仮止めするときなどに使う。

18. **接着剤** … 木工用ボンドがおすすめ。先端が細いニードルボトル等に詰め替えると便利。

19. **強力接着剤** … 金属を作品に固定するために使う。

20. **目打ち** … 穴を開けるときに使う。

21. **ハサミ** … 先が細く、布を切るのに適したものが良い。

22. **クリップ** … 組み上げの際に、作品と金具などを固定するときに使う。

23. **洗濯バサミ** … つまみを挟んで圧着させるために使う。

24. **丸台紙** … 花の土台として使う。本書ではあらかじめ丸くカットされたものを使用しているが、厚紙を自分で丸くカットしても良い。

25. **スチロール球** … 花の土台として作品に合わせて様々な形を使用。主に使うのは球、バラ芯、半球。

26. **まち針** … スチロール球などに穴を開けるときに使う。

27. **ペップ** … 作品の花芯に使う。

28. **地巻きワイヤー** … 花や葉の茎になる部分に使う。本書では#22、#24、#26、#28、#30を主に使用。

29. **アルコールマーカー** … ペップや布の着色に使う。

30. **刺繍糸** … ワイヤーを巻いたり組み上げ時に使う。本書では緑、黄緑、茶などを主に使用。

布について

本書では主に正絹羽二重と一越ちりめんを使用しています。布が厚ければ厚いほどしなやかな表現が難しいので、生花のような美しい花を作る際は薄手の生地を使用するのがおすすめです。

正絹羽二重

絹100%の平織の生地で、薄手のものは着物の裏地、羽織や羽織裏、胴裏地などにも使われています。また、「匁」という重さの単位で厚みを判断します。数字が大きいほど厚く、つまみ細工では4匁、6匁、10匁、12匁などがよく使われます。本書では明記がない場合は4匁を使用しています。羽二重は白生地を購入して自身で染めて使用したり、すでに染められている羽二重はつまみ細工の材料を取り扱っているネットショップでも入手できます。

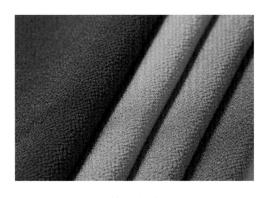

一越ちりめん

表面に立体的な模様や細かいシボがある生地です。ちりめんの中でも一越ちりめんは表面のシボが細かく薄いので、つまみ細工に向いています。羽二重よりもちりめんのほうが適度な厚みで扱いやすいので、つまみ細工初心者に好まれ、色数も多く柄物なども市販されています。本書では主に土台や葉に使用しています。

布のカットの仕方

布をカッティングマットのマス目に沿ってまっすぐに置く。

定規を当て、ロータリーカッターを手前から奥に向かって動かす。

マス目に沿って縦横にカットする。横に切るときは、カッティングマット自体を縦に回転させてカットする。

基本の技法

つまみ細工を始める際に覚えておきたい基本の技法を紹介します。本編の花つまみに入る前に、まずは事前準備や基本のつまみ方を練習してみましょう。

つまむ前の準備

糊板を準備する

糊板、または牛乳パックを切ったものを用意する。

つまみ細工用のでんぷん糊とヘラを用意し、糊板上でよく練る。

でんぷん糊の厚みが均一になるように糊を広げる。

布を濡らす

水を入れた色彩皿に、折り畳んだキッチンペーパーを入れ水に浸す。

布を2回三角に折り、濡れたキッチンペーパー上に置いて湿らせる。

乾いたキッチンペーパーを四つ折りにし、その上に2の布を置いて休ませる。余分な水分が取れたら布をつまんでいく。

※布を濡らすか濡らさないかは作品によって異なります。

丸つまみ

1

正方形にカットした布を用意し、ピンセットで対角線上の少し上の位置を挟む。

2

対角の頂点を合わせるように布の下半分を折り上げる。

3

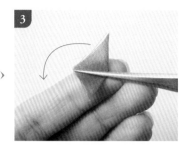

布を90度回転させてピンセットを挟み直す。

4

布をもう半分に折る。

5

布の真ん中より少し上を挟み、左右の角を上の★に合わせるようにする。

6

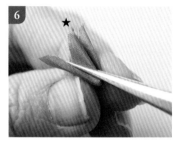

そのまま親指と人差し指で持ち上げるように折り上げる。

7

親指と人差し指でつまみの根元を押さえて持つ。

8

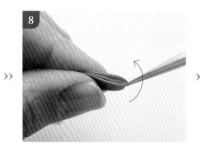

ピンセットで先をつまみ、内側へ折り返す。

9

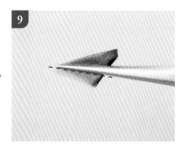

端切りする位置（破線）でピンセットを挟み直す。

10

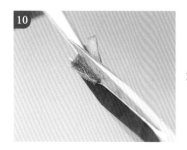

ハサミでピンセットのキワを端切りする。

11

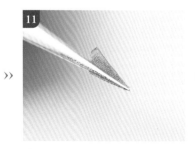

端切りしたあと。

12

糊板の上にのせて休ませる。

剣つまみ

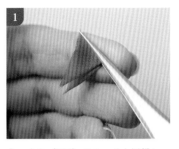

1 丸つまみ（P10）の1～4と同様につまむ。

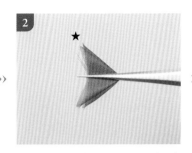

2 山折りの角（★）を上にして、布の真ん中をピンセットで挟む。

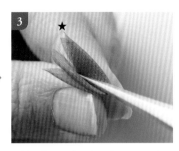

3 下側の角の2枚を★に合わせるように、親指と人差し指で押し上げる。

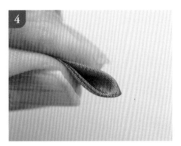

4 3で押し上げた根元を親指と人差し指で持つ。

5 剣先をピンセットでつまむ。

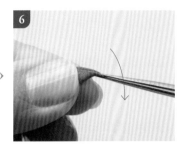

6 下の方向へピンセットを引き抜く。

7 丸つまみ（P10）の9～10と同様に端切りする。

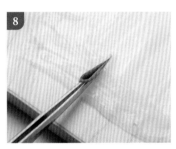

8 糊板の上にのせて休ませる。

ひだ寄せつまみ

1

湿らせた布（P9）の折山のキワを、写真のようにピンセットで挟む。

2

ピンセットで布の上下をひっくり返す。

3

布の上の角を2つに分け、親指と人差し指で下に折り下げる。

4

左手で布が崩れないように押さえながら、ピンセットを抜く。

5

指と布の間に滑り込ませるようにして、布の上辺をピンセットで挟む。

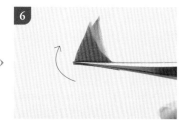

6

ピンセットを上下にひっくり返す。

7

折り返す布がなくなってくるまで、3～6の工程を繰り返す。

8

折り返す布がなくなると、綺麗なひだができる。

9

最後の布の上辺を、ピンセットの上辺と揃えるように折り上げる。

10

折り上げた布を指で押さえて、ピンセットを抜く。

11

布の根元部分をピンセットで挟む。

12

ひだを広げて形を整える。

13

破線部分のすぐ上をピンセットで挟み、破線の位置で端切りする。

14

ひだが崩れないように根元に糊をつけて、糊板の上にのせて休ませる。

丸裏返し

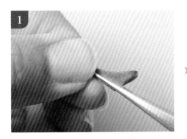

1 丸つまみ（P10）の1〜11までつまむ。

2 布の裁ち目に木工用ボンドをつけて、指で押さえ圧着する。

3 ボンドが乾いたら、足の合わせ目が中央になるようにピンセットで押さえる。

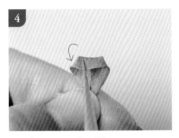

4 足の合わせ目を指で押さえ、ピンセットで上部をひっくり返す。

5 ひっくり返したところ。これで丸裏返しの完成。

6 裏側は凹んだようになる。

剣裏返し

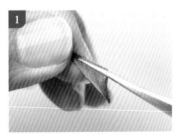

1 剣つまみ（P11）の1〜7までつまむ。

2 布の裁ち目に木工用ボンドをつけて、指で押さえ圧着する。

3 ボンドが乾いたら、裁ち目（三角になっている部分）をピンセットで押さえる。

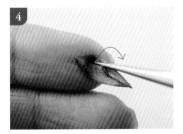

4 そのまま裁ち目を横に倒し、指で支えながらつまみ全体をひっくり返す。

5 ひっくり返したところ。これで剣裏返しの完成。

6 裏側は写真のような形になる。

土台／糸巻きワイヤーの 作り方

花びらを葺くための土台、花の軸となる糸巻きワイヤーの作り方を紹介します。土台のスチロール球については、半球やバラ芯など様々な形の発泡スチロールでも同じ要領で作ることができます。

土台／丸台紙

1
丸台紙と土台用のちりめんを用意し、ちりめんの中央に丸台紙を木工用ボンドで貼り付ける。

2
1の丸台紙の中心に目打ちで穴を開ける。

3
開けた穴に地巻きワイヤーを通す。

4
丸ヤットコでワイヤーの先を丸めて、台紙と水平になるように曲げる。

5
4で曲げたワイヤーにボンドをつけ、台紙に貼り付ける。

6
ボンドが乾いたらちりめんを丸くカットし、放射状に切り込みを入れる。

7
ちりめんと台紙にボンドをつけて、ちりめんで台紙をくるむように貼り付け、形を丸く整える。

8
平ヤットコで7の台紙を挟み、ちりめんの表面を平らにする。

9
土台の完成。

土台／スチロール球

1
スチロール球の中心にまち針を刺して下まで貫通させ、さらに目打ちで穴を広げる。

2
1の穴に地巻きワイヤーを通し、先端を丸ヤットコで「Uの字」に丸める。

3
曲げたワイヤーを指で押し込む。

曲げたワイヤーの隙間にボンドをつける。

ワイヤーを下へ軽く引きながら、曲げた先をスチロール球に埋め込む。

さらにワイヤーの根元にもボンドをつけて乾かす。

中心に穴を開けたちりめんを、下からワイヤーに通す。

スチロール球の全体にボンドをつけ、ちりめんで包むように貼り付ける。

ちりめんを貼り付けたところ。

浮いた余分なちりめんをカットする。

スチロール球の形に沿って凹凸が出ないようにちりめんを整え、完成。

糸巻きワイヤー

1本取りにした刺繍糸と地巻きワイヤーを用意する。

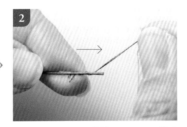

地巻きワイヤーの先端にボンドを薄く塗る。先端から1cmのところに糸を巻き、先端に向かって数回巻き付ける。

先端まで糸を巻き付けたら、次はワイヤーの逆先端へ向かって糸を巻いていく。

このとき、右手の人差し指と親指でピンと張るように糸を挟み持ち、左手でワイヤーをくるくると回しながら、隙間ができないように糸を巻き下ろす。

ワイヤーの最後まで巻いたら糸をカットし、糸の裁ち目にボンドをつける。

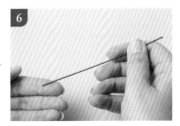

糸をワイヤーに貼り付け、見栄え良く馴染ませる。これで糸巻きワイヤーの完成。

絹の染め方

ここでは正絹羽二重の白生地を染める方法を紹介します。自分で布を染めることができると、好みの色や濃淡の違う布が用意できるので、より作品作りが楽しめます。

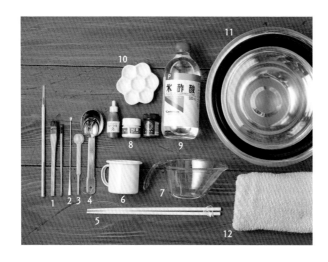

染色に必要な道具と材料

1. **筆／刷毛** … ぼかし染めやつまみを染めるのに使う。
2. **薬さじ** … 染料を取るときに使う。
3. **スポイト** … パレットに水を入れるときに使う。
4. **計量スプーン** … 助剤などを測るために使う。
5. **菜箸** … 布を染料で染めるときに使う。
6. **筆洗** … 筆を洗うのに使う。
7. **計量カップ** … 水などを測るために使う。
8. **染料** … 染め方にあったものを用意する。
9. **氷酢酸** … 本書では絹を染める際の助剤として使う。酢でも可。
10. **パレット** … 染料で色を作るときに使う。
11. **ボウル** … 染め用、すすぎ用と2つあると便利。
12. **タオル** … 染めた布の水分を取るのに使う。

基本の染め

本書では主にみやこ染め（コールダイホット）を使用しています。染料は様々な種類があるため、お好みのものをご使用ください。また、染料は製品に記載された用法に沿って使用しましょう。

【材料】

・布／正絹羽二重（白生地4匁）：
　20cm×45cm
・染料／みやこ染め（コールダイ
　ホット）：薬さじ2（約1g）、氷酢
　酸：約大さじ1
・お湯（85℃以上）：1リットル
・アイロン用のスプレー糊

染料を薬さじで軽量カップに入れる。

染料を少量のお湯でよく溶かす。

ボウルに2とお湯を合わせて1リットルにしたものに氷酢酸を入れ、菜箸でよく混ぜる。

水であらかじめ濡らしておいた羽二重の布を3の中に入れる。染液の中で、布が重ならないように菜箸で動かす。

好みの濃さに染まったら、水を張ったボウルに布を移し替え、水が透明になるまで数回替えながらよく濯ぐ。

布を軽く絞り、タオルに挟んで水気を取り、陰干しをする。

半乾きくらいでアイロン用のスプレー糊をし、アイロンをかける。糊の量は、作品や好みに応じて調整する。

シワのない状態になったら完成。

グラデーション染め ｜ グラデーションのように色の濃淡が出る染め方です。

【材料】
基本の染め（P16）と同じ

基本の染め（P16）の3まで進めたら、一度に染液に布を浸さずに、まずは布の1/3（1段階目）まで浸す。

1段階目が少し染まったなと思ったタイミングで、次に布の2/3（2段階目）まで布を浸す。

2段階目が良い濃さになったら、最後に全ての布を浸す。色が染まりすぎないように素早く菜箸でかきまぜ、水を張ったボウルに移し替える。

基本の染め（P16）の5〜8と同様に進めて完成。

ムラ染め ｜ 単色ではなく、あえて色ムラを出す染め方です。

【材料】
輪ゴム、基本の染め（P16）と同じ

基本の染め（P16）の3まで進めたら、水で濡らした布をランダムにねじりシワを作る。

布が広がらないように、輪ゴムでグルグル巻きにして止める。

染液の中に布を入れ、菜箸で沈ませながら染めていく。

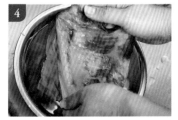

良い濃さになったら水を張ったボウルに移し替え、輪ゴムを外してムラの状態を確認する。

ムラが足りないところが外側になるように布を畳み、まんべんなくムラが入るまで1〜3を繰り返す。

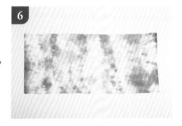

まんべんなくムラが入ったら、基本の染め（P16）の5〜8と同様に進めて完成。

カット布のぼかし染め

カットした布に彩色することで、つまみ一つ一つにニュアンスが出て作品に深みが出ます。本書ではみゆき染めを使用しています。みゆき染めは乾いたら色落ちしないのでおすすめです。

【材料】
・カットした羽二重
・染料（みゆき染め）
・新聞紙
・半紙

カットした布を5枚重ねてピンセットで挟む。

新聞紙の上に半紙を重ね、その上に1の布を置く。水に浸した筆または刷毛で布を湿らせる。

パレット上で色を作り、水で適当な濃さにして染料を筆に取る。濃さは作品により調整する。

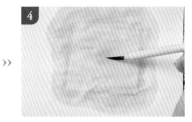

2の上に筆で色を置いて染める。複数の色を使う場合は、薄い色から染めていく。

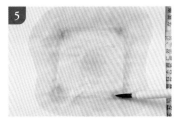

イメージ通りになるまで色を重ねていく。

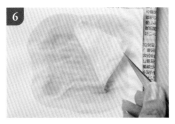

ある程度色を重ねたら、裏も染まっているかピンセットで布を裏返して確認し、足りなければ色を足す。

布が乾いたら完成。シワが気になるようならアイロンをかけても良い。

つまみ染め
（ぼかし染めアレンジ）

ぼかし染めのアレンジとして、つまみを直接染める方法を紹介します。つまみ染めは布をつまんだ状態で色を入れるので、仕上がりがイメージしやすいのが特徴です。布を濡らしてつまむ作品に適しています。

【材料】
・染料（ローパスFカラー）　※染料は濡れた布に色が広がりやすいものがおすすめ
・牛乳パックをカットしたもの

パレット上にごく少量の染料を置く。

水で溶き、好みの濃さにする。

牛乳パックの上の糊でつまみを休ませたところに、筆で2の染料をのせる。塗るのではなく、自然に染料を広がらせて染めていく。

POINT つまみが乾いていたら、筆に水を含ませ、あらかじめつまみを湿らせてから色をのせる。

ちょうど良い色合いになったら、牛乳パックで休ませたまま乾かして完成。

つまみ細工ができるまで

つまみ細工ができるまでの基本的な流れを紹介します。

1.布を準備する

布を正方形にカットして準備する。作品によって大きさや枚数は異なる。

2.布を濡らす

つまむ前に、布を濡らして扱いやすくする。作品やつまみ方によって濡らさないものもある。

3.つまむ

布をピンセットでつまみ、花びらや葉の形を作る。

4.端切りする

布をつまんだあと、余分な布をカットしてつまみの高さを調節する。

5.糊をつける

つまんだ布をでんぷん糊の上に置いて、布に糊を馴染ませる。

6.土台を準備する

つまみを葺くための土台を準備する。

7.葺く

つまみを土台に並べて配置し、花の形になるように葺いていく。

8.花芯や飾りをつける

葺いて花の形になったものに、花芯をつけて仕上げる。

9.完成

最後に花の傾きなどを調整して完成。つぼみや葉などがある場合は組み上げをする。

つまみ細工を美しく作るための
4つのポイント

ここではつまみ細工をより美しく作るための4つのポイントをご紹介します。
当たり前のようなことですが、作る過程で気をつけることで、仕上がりが断然変わってきます。

Point 1

○ ×

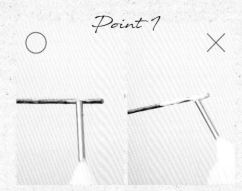

木工用ボンドをつける際はごく少量

木工用ボンドをつける際は、基本的にごく少量で大丈夫です。ボンドを多くつけすぎると布に滲んだり、跡が残ってしまい、仕上がりの美しさが半減します。また、少量のほうが早く乾き接着しやすくなります。

Point 2

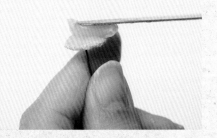

葺くときの糊はたっぷりと

つまみを土台に葺くときは、糊をたっぷりとつけましょう。糊が少ないとつまみが接着せず、土台から浮いたりして形が崩れてしまいます。そのため何度も手で布を触ることになり、結果として美しく作れません。「多すぎるかな」と思うくらいがちょうどいい塩梅です。

Point 3

指や道具はこまめに拭く

つまみ細工を作る過程で、つまみを糊で整えたり、ピンセットで糊を扱う工程があるため、糊やボンドが指や道具についたら、必ずこまめに拭き取りましょう。すぐに対応できるように、濡れ布巾と乾いた布巾を側に用意しておくと安心です。

Point 4

乾かすときは完全に

土台を作ったときやつまみを葺き終わったときに、乾かすタイミングが必ずあります。確認のために触りたくなってしまいがちですが、乾かないタイミングで触ると、つまみの形が崩れたり破損することがあります。焦らずに、必ず糊が乾くまで待ってから作業しましょう。

PART 2

四季を感じる花々

春

温かな春の日差しが心地良い空間には、
春の花であるパンジーとネモフィラで彩りを。
How to make » P26, P34

ふんわりと丸いフォルムが愛らしい
チューリップ。
シックな色合いで揃えた花束は、
インテリアの一助にも。
How to make » P30

夏

夏の訪れとともに、
涼やかな3種の花で納涼を楽しみましょう。
How to make » P38〜

秋

読書の秋を楽しむ傍らに、
秋色の2種の花を飾って
心身ともにリラックスを。
How to make » P50, P57

大切な人へ、手紙とともに
「変わらぬ愛」を伝える
桔梗の花を添えて。
How to make » P54

冬

品のある和洋の冬の花を組み合わせた飾り付けは、
お正月飾りとしても引き立ちます。
How to make » P60〜

ネモフィラ

Photo » P22

【材料】
花(3輪分)… 羽二重(白):2.5cm×15枚／裏打ち用ちりめん(白):
1cm×3枚 ※角をカットし丸くしておく
土台……… 素玉ペップ極小(白):15本／ちりめん(白):1枚
(3cm×5mm)／地巻きワイヤー#26:12cm×3本／刺
繍糸(緑):適量
葉(2本分)… 羽二重(緑):1cm×46枚／地巻きワイヤー#30:12cm
×2本、5cm×20本／刺繍糸(緑):適量
【道具】 アルコールマーカー(黒、水色)

花芯を作る

1
ペップの先端をアルコールマーカー
(黒)で着色する。

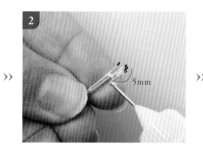

2
ペップ5本に木工用ボンドをつけ、
ペップの先端から5mm下のところに
ワイヤーを貼る。

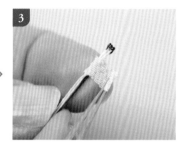

3
ワイヤーの先を隠すようにボンドをつ
け、ちりめんを巻いて固定する。

4
余分なペップの軸をカットする。

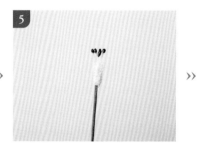

5
ペップの先端をそっと開いて整えたら、
花芯の出来上がり。

花びらを作る

6
丸つまみ(P10)の1〜4と同様に花
用の布を折る。

7
牛乳パックの上に布を置き、アルコー
ルマーカー(水色)で写真のように布
の両面に着色する。

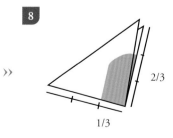

8
布が重なる下のほうまで着色する。

2/3

1/3

9
布を開くと写真のような形になる。花
用の布全てを同様に着色し、アルコー
ルマーカーが乾くまで置いておく。

ひだ寄せつまみ（P12）の1〜11でつまむ。

指の平を使って先端を丸く整える。

つまみの根元に糊をつけて下部分を圧着し、乾くまで休ませる。

残り4枚も10〜12と同様につまむ。

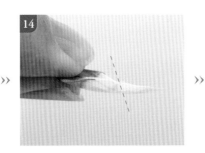

花びらが乾いたら破線の位置で端切りをする。

花びらを葺く

丸くカットした裏打ち用のちりめんにボンドを薄く塗る。

ちりめんの上に5枚の花びらをバランスよく並べて貼り付ける。

花の中心の位置に目打ちを当て、ちりめんに穴を開ける。

花芯のちりめん部分にボンドをつけ、17の穴に通す。

花芯の根元と、花の中央部分のちりめんを圧着する。

圧着したらピンセットを使って花びらのバランスを整える。

花の付け根からワイヤーにかけて、薄くボンドを塗る。

糸巻きワイヤー（P15）の2〜4で糸を5cm巻いたら糸を切り、糸の端はボンドで留める。1〜22と同様に花をあと2本作る。

葉を剣裏返し（P13）の1〜2でつまみ、これを23個つまむ。

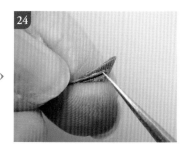

5cmのワイヤーの先端にボンドをつけ、葉のつまみの側面に写真のように貼り付ける。

ワイヤーが隠れるように、2枚目の葉のつまみを貼り合わせる。

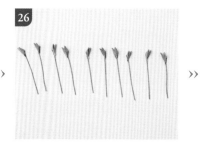

24、25の要領で同じものを10本作る。

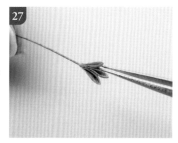

残っている23のつまみ3つで、軸になる葉を作る。つまみの1つに12cmのワイヤーを貼り、その両側につまみ2つを貼る。

葉の付け根から糸を5mm巻き下ろす。

次に26の葉を2本合わせ、3本のワイヤーを一緒に5mm巻き下ろす。

さらに26の葉をもう2本合わせ、5本のワイヤーを一緒に5mm巻き下ろす。

29で合わせた2つの葉の余ったワイヤーを外に出す。

ワイヤーのキワをニッパーでカットする。

29〜32を繰り返し、残りの葉を組み3cm下まで巻いたら、糸をカットしボンドで留める。もう1本同様に葉を作る。

組み上げ

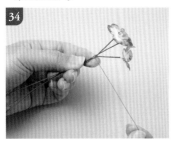

22の花を3本、付け根から2.5cmほどのところで合わせてボンドをつけ、2本取りの刺繡糸で数回巻く。

次に葉を写真のように合わせ、全体のバランスを見る。

位置が決まったらボンドをつけて葉を合わせ、34の糸で数回巻いて葉を固定し、そのまま5cm下まで巻く。

糸をカットし、糸端をボンドで留める。

37の糸の巻き終わりより少し上の位置でワイヤーをカットする。最後に断面の糸がほつれないようにボンドをつけ、ワイヤーに馴染ませて完成。

チューリップ   Photo » P22

【材料】
花 ……… 羽二重（紫）：3.5cm×3枚、6cm×3枚、7.5cm×3枚／
裏打ち用羽二重（紫）：2cm×1枚　※角をカットし丸くし
ておく
土台 ……… スチロールバラ芯：20mm×1個／ちりめん（白）：
5cm×1枚／地巻きワイヤー#22：18cm×3本／刺繍糸
（黄緑）：適量
葉 ……… ちりめん（緑）：1枚（10cm×3.5cm）／地巻きワイヤー
#28：36cm×1本／刺繍糸（緑）：適量

土台を作る

花びらを作る

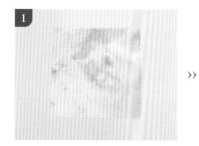

1 花の布は単色でも作れるが、本書では
ムラ染め（P17）の布を使用。事前に
布をムラ染めで紫色に染めておく。

2 20mmのバラ芯で土台（P14）を作る。
このとき、細いほうを上にする。

3 3.5cmの布で、ひだ寄せつまみ（P12）
の1〜11と同様に花びらをつまむ。

4 花びらの先端を指で押さえ、縁にひだ
を残すように尖らせる。

5 破線の位置で端切りする。

6 6cmの布も3と同様に、ひだ寄せつま
みをする。

7 スプーンのようにカーブをつけてひだ
を開き、5と同様に端切りする。

8 7.5cmの花びらを3と同様につまみ、
中心を引っ張って中央線を出す。

9 ひだの根元部分に糊をつけて押さえ、
圧着する。

花びらを葺く

10

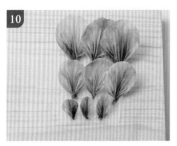

5と同様に端切りする。3、6、8の花びらも3枚ずつつまみ、端切りして糊板で休ませる。

11

2の土台に糊をたっぷりとつける。

12

3のつまみを、上から見て三角形になるように葺いていく。

13

上から見たところ。

14

次に6のつまみを13のつまみの間に葺いていく。このとき、花びらの先端の位置を合わせる。

15

上から見たところ。

16

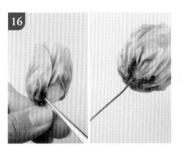

同様に8のつまみを、おちりんの下部を覆うように15のつまみの間に葺く。

17

上から見たところ。

18

目打ちで中心に穴を開けた、裏打ち用の布をワイヤーの下から通す。

葉を作る

19

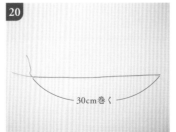

つまみの下部を覆うように糊で貼り付ける。その後、乾くまで置いておく。

20

緑の刺繍糸を2本どりで90cmほど用意し、糸巻きワイヤー（P15）の要領でワイヤーの30cmのところまで糸を巻く。

21

30cmまで巻いたら、ワイヤーを曲げて巻き終わりと先端同士が5mmほど重なるように持つ。

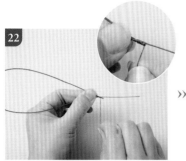

22 ワイヤーが重なった部分を一緒に糸で巻き付け、3cmほど巻いたら糸をカットし、糸端を木工用ボンドで留める。

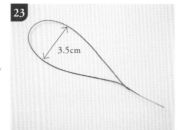

23 輪になったワイヤーの幅を3.5cmに広げる。

3.5cm

24 輪の先端を潰し、5mm幅に平ヤットコで挟み尖らせる。

25 葉の形が完成。

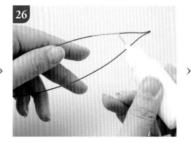

26 ワイヤーの輪になっている部分の片面に、薄くボンドを塗る。

27 緑のちりめんに、ワイヤーを被せるようにして貼り付ける。

28 ワイヤーの両側を持ち、ちりめんを内側へ折り畳み立体感を作る。

29 ワイヤーを写真のように波状に曲げ、葉の形に変化をつける。

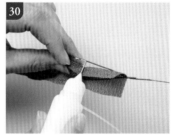

30 このとき、ワイヤーと布に隙間ができたらボンドをつけて貼り付ける。

「組み上げ」

31 ワイヤーの葉の形に沿って、ちりめんをハサミでカットする。

32 葉の完成。

33 19の花が乾いたら、ワイヤー部分にボンドをつけて2本のワイヤーを貼り合わせ、茎に太さを出す。

ワイヤーにボンドをつけ、花の付け根から1cm下のところから3本とりの黄緑の刺繍糸を上に巻き上げる。

花の根元まで糸を巻いたら、今度はそのままワイヤーの下まで巻き、糸をカットして糸端をボンドで留める。

35の花のワイヤーに32の葉を挟むようにして、ワイヤー同士を合わせる。

花と葉のワイヤーにボンドをつけて2本をまとめ、緑の刺繍糸で下まで巻く。

ネモフィラ（P29）の37、38と同様に、巻き終わりの始末をする。

最後に花の首を軽く曲げ、形を整えて完成。

パンジー

Photo » P22

【材料】
花 ……… 羽二重（ピンク（A）：5.5cm×2枚、白（B）：5cm×2枚、白（C）：5.5cm×1枚）
土台 ……… 素玉ペップ中（黄）：1本／丸台紙：1.2cm×1枚／ちりめん（白）：2cm×1枚、1枚（1cm×7mm）／地巻きワイヤー#22：12cm×1本／刺繍糸（黄緑）：適量
ガク ……… 羽二重（黄緑）：2.5cm×5枚／ちりめん（白）：1枚（2.5cm×5mm）
【道具】 ローパスFカラー（赤紫、紫）／アルコールマーカー（黄、黄緑）

土台を作る

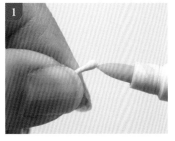

1 アルコールマーカーでペップを黄色に着色する。

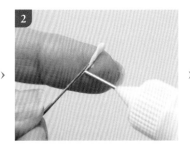

2 ワイヤーに1のペップを木工用ボンドでつける。

3 2cm角のちりめん（白）を丸台紙の裏に貼り、中心に穴を開けてワイヤーの下から通す。

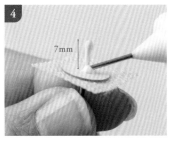

4 ペップと台紙との間を7mm開け、台紙とワイヤーの接着面にボンドをつけて乾かす。

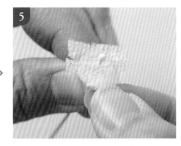

5 台紙裏に貼ったちりめんを台紙の表面に折り返し、ボンドで貼る。

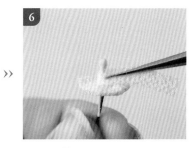

6 ペップの軸の部分にもボンドをつけ、ちりめんを巻く。

花びらを作る

7 ボンドが乾いたら、6で巻いたちりめんをアルコールマーカーで黄緑色に塗る。

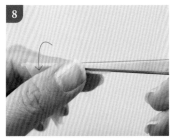

8 ピンクAの布を、ひだ寄せつまみ（P12）の1〜3と同様に布を折り下げる。

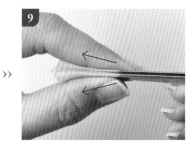

9 折り下げた布は軽く左側へ引くように指で押さえてから、ひだ寄せつまみ（P12）の4〜11の要領でつまむ。

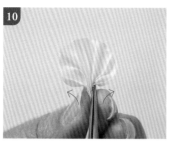

つまみ終わったら左右の布の端を上側
へずらし、指で挟み直す。

横から見たところ。写真のように、花
びらの形がフリル状になるように意識
する。

ひだを伸ばしきらないように、破線の
位置で端切りして糊板で休ませる。残
りのピンクA、白Bも同様につまむ。

白Cを8～10と同様につまんだら、先
端の中央を少し指でつまむ。

写真のように根元の両端を折り曲げ、
スプーンのような形にする。

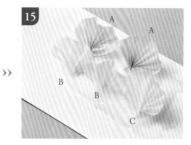

12と同様に端切りして糊板で休ませ
る。

花びらを染める

パレットに染料を用意し、水で適度な
濃さに調節する。

ピンクAの2枚は、筆でひだの先端
のほうからつまみの中央付近にかけ、
薄く染めていく。

薄く色をのせたあと、様子を見ながら
数回色を重ねて濃さを出す。

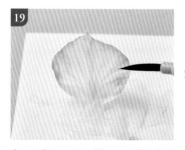

白の3枚(B、C)は縁のみに薄く色を
のせていく。

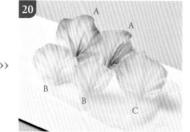

染めが乾くまで置いておく。

花びらを葺く

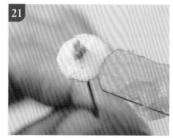

土台にたっぷりと糊をつける。

22 土台上部の右側に、ピンクAを1枚
葺く。

23 その左隣に少し重なるように、残りの
ピンクAを葺く。

24 白Cの根元を少し開き、中心部分に
ハサミで5mmほど切り込みを入れる。

25 切り込みで土台のペップを挟むように、
正面から見て下側へ葺く。

26 花びら3枚を葺いたところ。

27 白Bを、白Cの右側の下に葺く。

28 ペップ上部の25の切り込み部分を隠
すように、白Bの布を少し引き出し
て上に被せる。

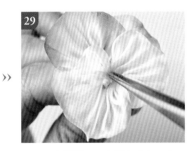

29 27、28と同様に、左側も残りの白B
を葺く。

30 フリルや全体の形を整え、糊が乾くま
で置いておく。

組み上げ

31 糊が乾いたら、丸台紙の付け根とワイ
ヤーの部分にボンドをつけ、ガク用の
ちりめんを巻く。

32 丸台紙の付け根にはちりめんを数回巻
いて厚みを出し、下から見ると円錐状
になるように巻く。

33 32の上からそのまま8cm下まで巻き
下ろし、ネモフィラ（P29）の37、38と
同様に、巻き終わりの始末をする。

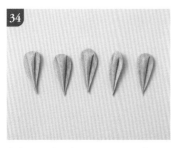

34 丸裏返し（P13）で、ガクを5枚つまむ。

35 糸を巻いた花の付け根の円錐状の部分にボンドをつける。

36 34のガクを山折りになるようにピンセットでつまみ、写真のように付け根を覆うように貼り付けていく。

37 貼り付けたら花の付け根をピンセットでグッと押さえ、クセをつける。

38 残りの4枚のガクも同様に貼り、花の付け根を押さえてクセを付ける。

39 全て貼り終えたところ。正面から見て星形になるようにする。

40 ガクの根元を丸ヤットコで挟み、90度くらいにワイヤーを曲げる。

41 最後に黄色のアルコールマーカーでペップの下辺りの花びらを着色し、完成。

蛍袋

Photo » P23

【材料】
花（3輪分）… 羽二重（薄紫）：4cm×15枚　※固糊がおすすめ
土台……… スチロールバラ芯：8mm×3個／ちりめん（白）：3枚
（2.5cm×2cm）／地巻きワイヤー#24：12cm×3本／刺
繍糸（緑）：適量
つぼみ……… 羽二重（薄黄緑）：3cm×4枚
土台……… スチロール球：8mm×1個／ちりめん（白）：2cm×1枚
／地巻きワイヤー#24：12cm×1本／刺繍糸（緑）：適量
ガク……… 羽二重（緑）：花用2cm×15枚、つぼみ用2cm×4枚
葉……… 葉A／羽二重（緑）：3cm×3枚／葉B／羽二重（緑）：
4.5cm×1枚／地巻きワイヤー#30：5cm×4本／刺繍
糸（緑）：適量

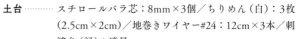

土台を作る

1

8mmのバラ芯（P14）で土台を作る。
このとき、細いほうを下にする。

花びらを作る

2

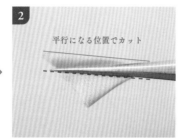

平行になる位置でカット

花用の布を剣つまみ（P11）の1〜2
のようにつまむ。つまみの上辺とピン
セットの下辺が平行になるように挟み、
端切りする。

3

2の端切りした裁ち目に木工用ボン
ドを付け圧着し、裏返す。残り4枚
も同様につまむ。

花びらを葺く

4

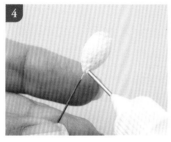

土台の根元のほうだけにボンドをつけ
る。全体に塗ってしまうと、花びらに
ボンド跡がついてしまうため気をつけ
る。

5

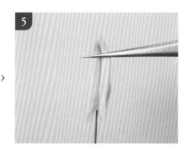

3のつまみを1枚、土台と平行にな
るようにまっすぐ貼る。

6

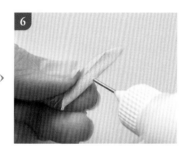

2枚目の3のつまみの左端のキワに、
ボンドを薄く塗る。

7

先端を揃える

平行に
なるように

5の花びらの先端に揃えて、平行に
なるように6を少し重ねて貼る。

8

7で重ねたところはピンセットで押
さえ、圧着する。

9

2枚目を貼り合わせたところ。

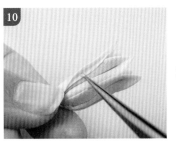

6～8を繰り返して3のつまみを全て貼り、最後の重なりもボンドで貼り合わせる。

5枚全てを貼り合わせたところ。

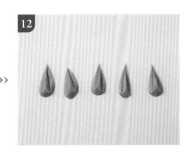

花用のガクの布を丸裏返し（P13）で5枚つまむ。

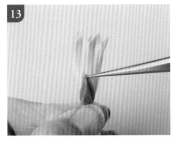

11のワイヤーと花の付け根にボンドをつけ、ガクの先端が2枚の花びらの間に来るように貼る。

ガクの下側は、ワイヤーにもかかるように貼り付ける。

残り4枚のガクも同様に貼る。

葉Aを作る

葉Aを作る。葉A用の布を剣裏返し（P13）でつまむ。

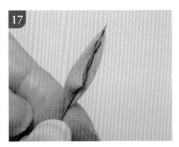

5cmのワイヤーの先端を丸く曲げて薄くボンドを塗り、16の裏側に写真のように貼り付ける。葉Aは先端が細いほうが上になる。

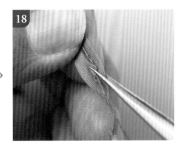

16の裏側の裁ち目にも薄くボンドを塗り、ワイヤーに被せて貼り付ける。

ワイヤーにボンドをつけ、2cmほど糸を巻いたら糸をカットし、糸端をボンドで留める。

15の花の付け根にボンドをつけ、ひばり結び（P4）の要領で糸の輪を付け根にかけて縛る。

そのまま糸をワイヤーに5mm巻いたらボンドをつけ、19の葉を合わせて一緒に3cmほど巻き下ろす。

22

糸をカットし、糸端はボンドで留める。
1〜21と同様に、全部で花を3本作る。

23

8mmのスチロール球でつぼみ用の土台（P14）を作る。

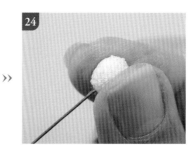

24

指で圧して、細い卵形にする。

25

つぼみ用の布を、丸裏返し（P13）で4枚つまむ。

26

24の土台の付け根にボンドをつけ、25を写真のように貼り付ける。

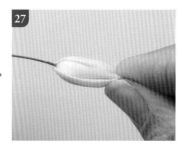

27

25を4枚貼ったら、つぼみの先端にも少しボンドをつけ、指でつまんで圧着する。

28

12と同様にガクを4枚つまみ、13〜14と同様に27に貼り付ける。

29

つぼみも20と同様に根元に糸をかけ、ワイヤーに沿って3cmほど巻いて糸をカットし、糸端はボンドで留める。

葉Bを作る

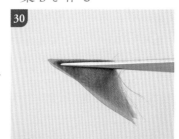

30

葉B用の布を湿らせ、剣つまみ（P11）の1〜4までつまんだら、写真のようにピンセットで挟む。

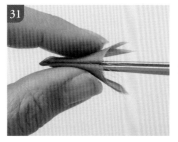

31

ひだ寄せつまみ（P12）の2〜6を3回繰り返す。

32

3回目は、折り畳んだ布がピンセットの上辺に揃うように持ち、布を指で押さえながらピンセットを抜く。

33

つまみの根元の部分をピンセットで挟み、葉のひだを広げて形を整える。

34 葉のひだが崩れないように、ひだの根元に糊をつける。

35 洗濯ばさみで根元を挟み、糊が乾くまで待つ。

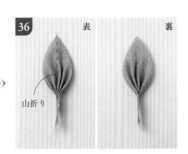

表　裏

36 葉の中央のひだが、山折りになるほうが表になる。

山折り

37 表が上になるようにして、写真のように端切りする。

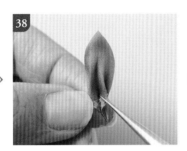

38 葉の裏側にある、中央のひだを開く。

39 先端を折り曲げた葉用のワイヤーにボンドをつけ、ひだでワイヤーを挟むように貼り付ける。

組み上げ

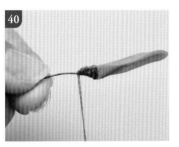

40 39の葉の根元にボンドをつけ、ワイヤーに沿って2cmほど糸を巻き、糸をカットしボンドで留める。

① ② ③

葉B

41 写真のように22で作った花②に40の葉Bを、花③に29のつぼみを合わせ、それぞれワイヤーにボンドをつけ3cm下まで糸を巻いておく。

② ③

42 花②と花③を花の付け根から2cmのところで合わせ、ワイヤーにボンドをつけて糸で数回巻き、固定する。

①

43 そのまま2本を一緒に1cm巻き下ろす。糸は切らずに、花①を合わせる。

① ② ③

44 3本一緒に糸で5cm下まで巻いたら、ネモフィラ（P29）の37、38と同様に巻き終わりの始末をする。

45 最後に、花が下を向くように平ヤットコでそれぞれの花の付け根を曲げ、完成。

ユリ

Photo » P23

【材料】

花	羽二重（白）：6cm×6枚 ※6匁がおすすめ／地巻きワイヤー #30（白）：12cm×6本
花芯	素玉ペップ 小（白）：3本／茨ペップ小（白）：6本／羽二重（黄緑）：2cm×1枚／地巻きワイヤー#24：12cm×1本／フローラテープ（薄緑）：適量／刺繍糸（黄緑）：適量
つぼみ	羽二重（白）：5cm×3枚
土台	スチロールバラ芯：8mm×1個／ちりめん（白）：1枚（2.5cm×2cm）、1枚（3cm×1cm）／地巻きワイヤー#24：12cm×1本／刺繍糸（黄緑）：適量
葉	羽二重（緑）：5cm×1枚、6cm×2枚／地巻きワイヤー#26：12cm×3本／刺繍糸（緑）：適量
【道具】	みゆき染め（赤、青、黄、白）／アルコールマーカー（茶、黄緑）

花芯を作る

1 花用、つぼみ用の羽二重はぼかし染め（P18）を事前にしておく。

2 小サイズの素玉ペップ3本を木工用ボンドでまとめ、ワイヤーにボンドで貼り付ける。

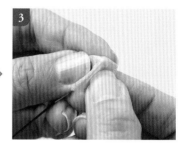

3 黄緑の布を、ボンドをつけたペップの頭に被せてくるむ。

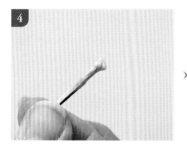

4 そのままワイヤー部分にも布を巻きつける。余分な布はカットする。

5 茨ペップを6本用意し、アルコールマーカーで先端を茶、軸を黄緑色に着色する。

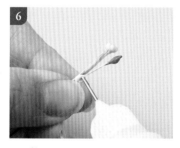

6 4の軸にボンドをつけ、先端の位置を合わせながら5を4の周りを囲むように6本均等に貼る。

花びらを作る

7 薄緑のフローラテープで、6の根元を巻いて固定する。

8 ペップの位置や間隔を整え、花芯が完成。

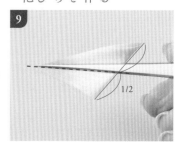

9 ぼかし染めを入れた花用の布を、剣裏返し（P13）で6枚つまむ。端切りは1/2でカットする。

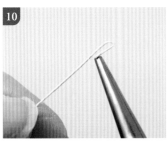

#30のワイヤー（白）の先端を、平ヤットコで5mmほど折り曲げる。

9の花びらの布が重なっているところを開いて、薄くボンドを塗る。

そのまま布同士を貼り合わせ、写真のような形にする。

12の裏の中心に、薄くボンドを塗った10のワイヤーを貼り付ける。

12の裏の裁ち目である三角の部分に、薄くボンドをつける。

ワイヤーに三角の部分を被せて貼り付ける。

花びらを葺く

15を表にして、軽く外側へ反らせる。

9～16と同様に残り5枚を作る。

8の花芯の根元にボンドをつけ、17の花びらの付け根を合わせるように貼り付ける。

写真のように、まずは3枚貼り付ける。

残りの3枚も、18の要領で19の花びらの間に貼り付ける。

6枚全て貼り付けたところ。

22 筒状の花になるように、花を手ですぼめて形を整える。

23 花の付け根のワイヤーに薄くボンドをつけて、フローラテープで数回巻いて固定する。

24 23の上に糸を隙間なく巻いて、そのままワイヤーにかけて4cmほど巻き下ろす。

つぼみを作る

25 花の付け根の部分を平ヤットコで挟み、90度くらいに曲げる。

26 花びらがカーブするように形を整える。

27 8mmのバラ芯で土台（P14）を作る。

28 バラ芯の付け根からワイヤーにかけてボンドをつけ、2cmほどちりめんを巻いて太さを出す。

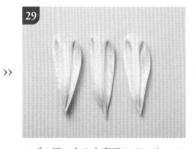
29 つぼみ用の布を丸裏返し（P13）で3枚つまむ。

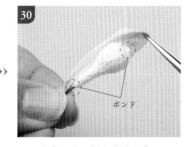
30 28の土台の付け根と先端に薄くボンドをつけ、29を貼る。

ボンド

葉を作る

組み上げ

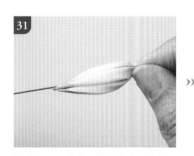
31 同様に29の残り2枚も土台に貼り、先端に薄くボンドをつけ、隙間ができないように指で閉じておく。

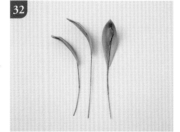
32 9～16と同様に葉用の布で葉を3本作る。葉の付け根とワイヤーの1cm下までボンドをつけ、糸を巻いておく。

33 31のつぼみの付け根にボンドをつけてから糸を巻く。

1.5cm下まで巻いたら、32の5cmの葉1本を合わせて一緒に数回巻く。

4cmくらい下まで巻いたら、写真のように26の花を合わせて数回糸を巻く。

32の6cmの葉を合わせ、1.5cm下まで巻いていく。

残りの6cmの葉を合わせ、さらに4cmほど巻き下ろす。

ネモフィラ（P29）の37、38と同様に、巻き終わりの始末をする。

最後につぼみを曲げて形を整え、完成。

睡蓮

Photo » P23

【材料】
花 ……… 羽二重（白）：5cm×4枚（1段目）、4.5cm×8枚（2段目）、
　　　　　4cm×8枚（3段目）、3.5cm×6枚（4段目）
土台 …… 丸台紙：2.5cm×1個／ちりめん（白）：3.5cm×1枚／
　　　　　地巻きワイヤー#22：12cm×1本／刺繍糸（青緑）：適
　　　　　量
ガク …… 羽二重（薄黄緑）：5cm×4枚
花芯 …… 茨ペップ小（黄）：68本／ちりめん（白）：1枚（5mm×
　　　　　3cm）
葉 ……… ちりめん（青緑）：5cm×2枚／地巻きワイヤー#24：
　　　　　30cm×1本／刺繍糸（青緑）：適量
【道具】 アルコールマーカー（黄）

花芯を作る

1　茨ペップを20本用意し、先端を揃えて軸に木工用ボンドをつけまとめる。

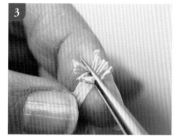

2　1の根元にボンドをつけ、ちりめんを巻いて太くする。

3　別の茨ペップを12本用意し、軸にボンドをつけてまとめる。手前の6本を倒して段差をつける。

4　3と同じものを、全部で4セット作る。

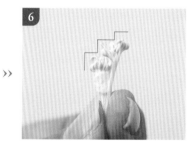

5　2のちりめん部分にボンドをつけ、4を貼り付けていく。

6　横から見ると、3段階の段差ができるようにする。

7　4を全て貼り付け、乾かす。

8　乾いたら、黄色のアルコールマーカーで中央と段差部分のペップを着色する。

9　上から1cmくらいのところでカットする。

1cm

46

土台を作る

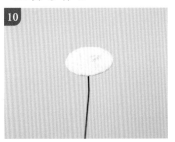

10 丸台紙の土台（P14）を作る。

ガク、花びらを作る

11 ガク用の布で、蛍袋（P40）の30〜33と同様にガクをつまむ。

12 先端を引っ張り、細長くする。

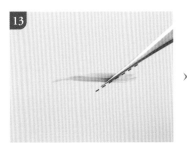

13 破線の位置で端切りする。

14 ひだの隙間にも糊をなじませる。

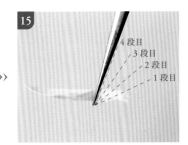

15 花用の布も11〜14同様につまみ、端切りは布のサイズが小さくになるにつれて角度を変える。

4段目
3段目
2段目
1段目

花びらを葺く

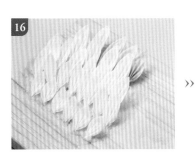

16 ガク、花びらともにつまんだら糊板で休ませる。

17 10の土台にたっぷりと糊をつけ、大きいつまみから葺いていく。ガク4枚を写真のように葺く。

18 白5cmの花びら4枚（1段目）を17の間に葺く。

19 17、18の隙間に4.5cmの花びら（2段目）を葺く。このとき、少し立てるようにして葺く。

20 2段目を葺いたところ。

21 2段目の隙間に4cmの花びら（3段目）を葺く。このとき2段目より立てるように葺く。

3段目を葺いたところ。	最後に3.5cmの花びら（4段目）を、3段目より立てるように丸く葺く。	4段目を葺いたところ。

葉を作る

		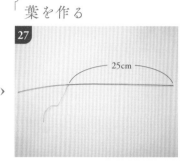
糊が乾くまで置いておく。	9の花芯にボンドをつけて25の中央に置き、ピンセットで軽く押しつける。	葉用のワイヤーに、糸巻きワイヤー（P15）の要領で25cmまで2本取りの刺繍糸を巻く。

	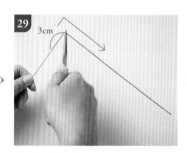	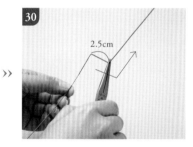
巻き始めの1cmのところはカットし、断面はボンドをつけ整える。	巻き終わりの糸はカットし、そこから3cm上のところを平ヤットコで90度曲げる。	次に曲げたところから2.5cmのところで90度曲げる。

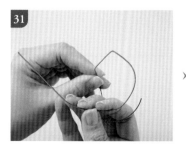	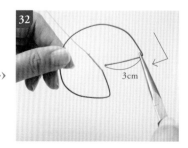	
ワイヤーの先端を持ち、手で丸く曲げる。	丸く曲げたワイヤーの先端から3cmのところを、平ヤットコで90度曲げる。	29で曲げたところに32の先端をひっかけるように合わせ、葉の形を作る。

34

葉用のちりめんの1枚に薄くボンドを塗り、2枚を貼り合わせる。

35

34のちりめんに33のワイヤーをあてがい、29でワイヤーを曲げた位置に目打ちで穴を開ける。

36

開けた穴に、ワイヤーの曲がっていないほうから差し込む。

37

葉の形をしたワイヤーの裏面に薄くボンドを塗り、ちりめんを貼り付ける。

38

葉の形をしたワイヤーのキワに沿って、ちりめんをハサミでカットする。

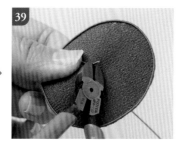

39

33でひっかけて飛び出ているワイヤーを、ニッパーでカットする。

組み上げ

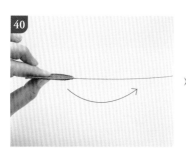

40

ボンドが乾いたら、ちりめんに通したワイヤーを葉と並行に折り曲げる。

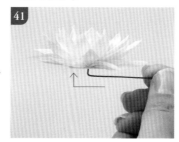

41

花の根元のワイヤーを平ヤットコで挟み、5mmのところで直角になるように曲げる。

42

写真のように41のワイヤーと40の葉のワイヤーを合わせて持ち、ひばり結び（P4）の要領で糸の輪の部分を2本のワイヤーに通し、一緒に縛る。

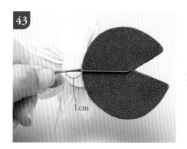

43

42で縛ったところから、2本のワイヤーを一緒に糸で1cmほど巻き、ボンドで留める。

44

最後に、ネモフィラ（P29）の37、38と同様に巻き終わりの始末をして完成。

マリーゴールド　Photo » P24

【材料】
花………羽二重（橙）：2cm×8枚、2.5cm×8枚、3cm×24枚
土台………スチロール半球：1.5cm×1個／スチロール バラ芯：
　　　　　8mm×1／ちりめん（白）：4.5cm×1枚／羽二重（橙）：
　　　　　4cm×1枚／地巻きワイヤー#22：12cm×1本／刺繍糸
　　　　　（緑）：適量
つぼみ………羽二重（橙）：2.5cm×4枚
土台………スチロール球：8mm×1個／ちりめん（白）：2cm×1枚、
　　　　　1枚（5mm×3cm）／地巻きワイヤー#24：12cm×1本／刺
　　　　　繍糸（緑）：適量
ガク………羽二重（緑）：花用 2.5cm×5枚、つぼみ用 2.5cm×4枚
葉………羽二重（緑）：2.5cm×11枚／地巻きワイヤー#28：葉A／
　　　　　12cm×1本、葉B／3cm×10本／刺繍糸（緑）：適量

土台を作る

1

半球のスチロールをワイヤーに挿し、
スチロール球（P14）の1〜6の要領
で土台を作る。

2

バラ芯の細いほうを持ち、机などに押
し当てて平らにする。バラ芯の側面も
指で圧して細めておく。

3

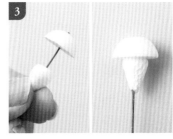

スチロール球（P14）の1の要領で2
の中心に穴を開け、1のワイヤーに
差し込み、木工用ボンドで貼り付ける。

4

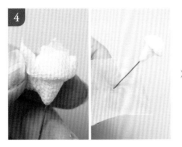

3にボンドをつけちりめんで包んだら、
花びらと同じ布4cm角の中心に目打ち
で穴を開け、ワイヤーに通す。

5

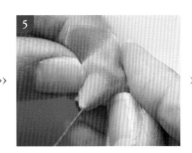

土台の下半分に糊を塗り、4の布で
包むように貼る。

6

半球は全て含まず、上部だけを残して
4の布を貼り付ける。

花びらを作る

7

ひだ寄せつまみ（P12）の1〜11の要
領で花びらをつまむ。

8

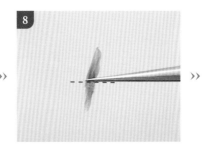

2cmの花びらはひだを残し、開かずに
破線の位置で端切りする。そのあと、
糊板で休ませる。

9

2.5cm、3cmの花びらは縁を丸く整え
る。

花びらを葺く

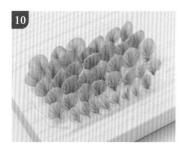

8と同様の位置で端切りし、糊板で休ませる。

土台にたっぷりと糊をつけ、2cmのつまみを立てるように土台の中心に十字に葺く。

残りの4枚は上から見てU字になるように、十字の間に葺く。

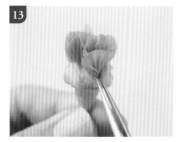

2.5cmのつまみ8枚で、12の周りを囲むように立て気味に葺く。

葺いたところ。

3cmのつまみ8枚の1周目は、14を囲むようにしながら14のつまみの間に来るように葺く。

2周目の8枚も同様に、15のつまみの間に来るように葺く。

3周目も同様に、16のつまみの間に来るように葺く。このとき半球の下辺から葺くようにし、つまみが水平になるようにする。

糊が乾くまで置いておく。

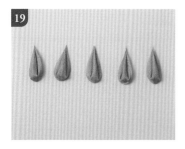

丸裏返し（P13）でガクを5枚つまむ。

18の下側の土台にボンドをつける。

ガクの先端が半球の裏面に少しかかるように貼り付ける。

22

正面から見て星形になるように、ガク5枚をバランスよく貼り付ける。

23

剣裏返し（P13）で葉を11枚つまむ。

24

23のつまみの1枚は12cmのワイヤー（葉A）に、残りの10枚は3cmのワイヤー（葉B）にユリ（P43）の10～16と同様に貼り付けておく。

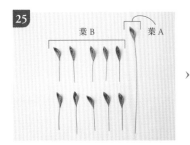

25

葉B　葉A

全ての葉を作ったところ。

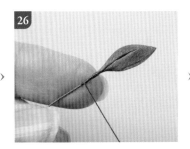

26

葉Aの付け根とワイヤーにボンドをつけ、5mmほど糸で巻く。

27

25の葉B2本の軸にボンドをつけて写真のように左右に貼り、3本一緒に糸で5mm巻く。

28

27と同じく、葉Bをさらに2枚巻いたら、27で貼り付けた葉Bのワイヤーをニッパーでカットする。

29

27、28を繰り返して葉Bの全てを組み上げ、3cmほど下まで糸を巻く。糸をカットし、糸端をボンドで留める。

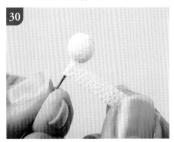

30

8mmのスチロール球で土台（P14）を作る。土台の根元にボンドをつけて、ちりめん（5mm×3cm）を巻き太さを出す。

31

スチロール球を指で圧して、先端を細めておく。

32

丸裏返し（P13）でつぼみ用の花びらを4枚つまむ。

33

31の土台に、ボンドで32のつまみを4枚均等に貼り付ける。

34

19と同様につぼみ用のガクを4枚つま
む。

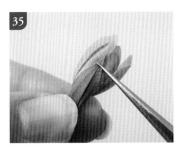

35

33にガクをボンドで均等に貼り付け
る。

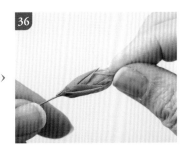

36

つぼみの先端に少量ボンドをつけて、
先を閉じるように指でつまむ。

組み上げ

37

ガクの付け根から糸を3cmほど巻いて
糸をカットし、糸端をボンドで留める。

38

22の花のガクの付け根から糸を2.5cm
ほど巻き下ろす。

39

29の葉と37のつぼみを合わせて、一
緒に5cmほど巻き下ろす。

40

最後に、ネモフィラ（P29）の37、38
と同様に巻き終わりの始末をして完成。

桔梗

Photo » P24

【材料】

花 ………	羽二重（紫）：4cm×5枚／裏打ち用羽二重（紫）：1.5cm×1枚／ちりめん（白）：1.3cm×1枚
土台 ……	茨ペップ小（白）：5本／ちりめん（白）：1枚（5mm×1cm）／地巻きワイヤー#22：12cm×1本／刺繍糸（緑）：適量
つぼみ …	羽二重（黄緑）：2.5cm×5枚
土台 ……	スチロールバラ芯：8mm×1個／ちりめん（白）：1枚（2.5cm×2cm）／地巻きワイヤー#24：12cm×1本／刺繍糸（緑）：適量
ガク ……	羽二重（緑）：花用 1.5cm×5枚、つぼみ用 1.5cm×5枚
葉 ………	羽二重（緑）：3cm×2枚、4cm×1枚／地巻きワイヤー#28：5cm×3本／刺繍糸（緑）：適量

花芯を作る

1 茨ペップを5本、木工用ボンドでまとめる。

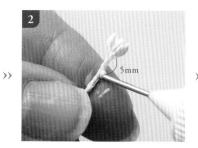

2 ペップの先端から5mm下のところにボンドをつけ、ワイヤーを貼り付ける。

3 ワイヤーの先を隠すようにボンドをつけ、ちりめんを巻いて固定する。

花びらを作る

4 ひだ寄せつまみ（P12）の1〜10と同様に、花用の布で花びらをつまむ。

5 4の花びらの先端を外側へ反らせる。

6 指に糊をつけ、花びらの中央をつまんで尖らせる。

7 ひだの隙間に糊をつけ、圧着し乾かす。

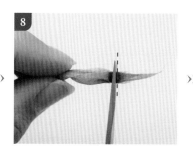

8 7が乾いたら、破線の位置で端切りする。残りの4枚も、同様につまむ。

花びらを葺く

9 裏打ち用の羽二重にボンドでちりめん（1.3cm×1枚）を貼り、4つ角をカットする。

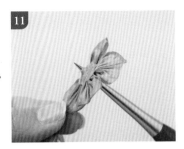

10

9のちりめん側にボンドをつけて、8を5枚均等に並べて貼る。

11

ボンドが乾いたら、10の中央に目打ちで穴を開ける。

12

3の花芯のちりめん部分にボンドをつける。

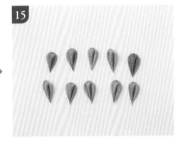

13

花芯のワイヤーを11の穴に通す。

14

花芯を花びらで包み込むようにして形を整える。

15

丸裏返し（P13）で花用とつぼみ用のガクを10枚つまむ。

葉を作る

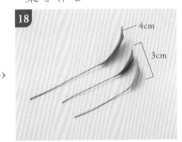

16

14が乾いたら、花びらの間にガクの先端が来るように、ボンドで貼り付ける。

17

ガクは5枚均等に貼り付ける。

18

ユリ（P44）の32と同様に、葉を3本（4cmの葉を1本、3cmの葉を2本）作る。

つぼみを作る

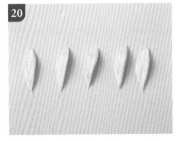

19

8mmのバラ芯でつぼみ用の土台（P14）を作る。このとき、細いほうを下にする。

20

剣裏返し（P13）でつぼみ用の花びらを5枚つまむ。

21

19の土台にボンドをつけて、20のつまみを貼り付ける。

22	23	24

 >>  >>

上から見ると五角形になるように、バランスよく5枚を貼っていく。

15のつぼみ用のガク5枚を、22の付け根にボンドで貼り付ける。

23の付け根から糸を巻き1.5cmのところまで巻き下ろしたら、18の葉(3cm)を1本合わせて一緒に5cm下まで巻き下ろし、糸をカットしてボンドで留める。

 >>  >>

17のガクの付け根から糸を巻き、1.5cmのところまで巻き下ろす。

18の葉(3cm)を合わせ、一緒に1.5cm下まで巻き下ろす。

もう1本の葉(4cm)も合わせ、3本一緒にさらに1.5cm下まで巻き下ろす。

 >>

24のつぼみも合わせて、ワイヤーの最後まで巻き下ろしていく。

最後に、ネモフィラ(P29)の37、38と同様に巻き終わりの始末をして完成。

チョコレートコスモス Photo » P24

【材料】

花 ………… 羽二重（赤）：3.5cm×8枚

土台 ……… 茨ペップ小（白）：40本／丸台紙：1.4cm×1枚／ちりめん（白）：2cm×1枚／土台用羽二重（赤）：2cm×1枚／地巻きワイヤー#22：12cm×1本／刺繍糸（緑）：適量

つぼみ …… 羽二重（赤）：2.5cm×4枚

土台 ……… スチロールバラ芯：8mm×1個／ちりめん（白）：1枚（2.5cm×2cm）／地巻きワイヤー#24：12cm×1本／刺繍糸（緑）：適量

ガク ……… 羽二重（緑）：花用 2cm×8枚、つぼみ用 2cm×6枚

葉 ………… 羽二重（緑）：3cm×1枚、4cm×1枚／地巻きワイヤー#28：5cm×2本／刺繍糸（緑）：適量

【道具】 アルコールマーカー（茶）

土台を作る

1 丸台紙の土台（P14）を作る。

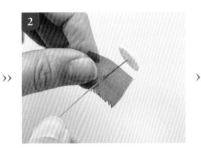

2 土台用の羽二重の中心に目打ちで穴を開け、1のワイヤーを通す。

3 土台の裏に糊をつけ、2の羽二重で包むように貼り付ける。

花芯を作る

4 茨ペップを40本用意し、軸に木工用ボンドをつけてまとめる。ペップの先端をアルコールマーカーで茶色に着色する。

5 ボンドが完全に乾いてから、軸が4mmの長さになるようにはさみでカットする。

花びらを作る

6 ひだ寄せつまみ（P12）の 1～12 と同様に、花用の布で花びらをつまむ。

7 花びらの先端を軽く引っ張り、縦長の形に整える。

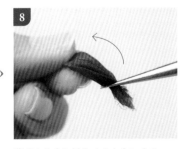

8 花びらを少し反らせるようにする。

9 破線の位置で端切りする。

花びらを葺く

10

花びらをつまんだら、糊板で休ませる。同様に花びらを8枚つまむ。

11

3の土台に糊をたっぷりつけ、10のつまみを葺く。

12

まずは十字になるように4枚葺く。

13

残りの4枚を12の隙間に葺く。

14

糊が半乾きぐらいのタイミングで、5の花芯にボンドをつけて花の中心に差し込み、乾かしておく。

15

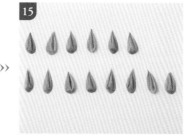

丸裏返し（P13）で、花用とつぼみ用のガクを14枚つまむ。

つぼみを作る

16

14の土台の裏側にボンドをつけ、15のガクの先端が花びらの中央の位置に来るように、8枚貼り付ける。

17

8mmのバラ芯で土台（P14）を作る。このとき、細いほうを下にする。

18

丸裏返し（P13）でつぼみの花びらを4枚つまむ。

19

17の土台にボンドをつけて、18のつまみを貼り付ける。

20

15のガク6枚を、19の付け根にボンドで貼り付ける。

21

ガクの付け根から4cmほど下まで糸を巻き、糸をカットしてボンドで留める。

葉を作る

22

ユリ（P44）の32と同様に、葉（3cm、4cm）を2本用意する。

組み上げ

23

16の花のガクの付け根からワイヤーにかけてボンドをつけ、2cmほど糸を巻き下ろす。

24

22の葉（4cm）を合わせ、一緒に1cm下まで巻き下ろす。

25

もう1本の22の葉（3cm）も合わせ、3本一緒に1cm下まで巻き下ろす。

26

21のつぼみも合わせて、6cm下まで巻き下ろす。

27

最後に、ネモフィラ（P29）の37、38と同様に巻き終わりの始末をして完成。

クリスマスローズ Photo » P25

【材料】
花 ………… 羽二重（濃紺）：2.5cm×10枚、3cm×5枚、4.5cm×5枚
　　　　　　／裏打ち用羽二重（濃紺）：1.5cm×1枚 ※角をカットして丸
　　　　　　くしておく
土台 ……… 素玉ペップ極小（黄）：24本／フランスペップ小（白＆緑
　　　　　　軸）：22本 ※素玉ペップ小サイズの軸をアルコールマーカーで黄緑
　　　　　　に着色したものを使用してもOK／ちりめん（白）：1枚（7mm
　　　　　　×3cm）／地巻きワイヤー#22：12cm×1本／刺繍糸
　　　　　　（緑）：適量
つぼみ …… 羽二重（濃紺）：2.5cm×3枚、3cm×3枚
土台 ……… スチロール球：8mm×1個／ちりめん（白）：2cm×1枚／
　　　　　　地巻きワイヤー#24：12cm×1本／刺繍糸（緑）：適量
葉 ………… 羽二重（緑）：3cm×1枚、3.5cm×2枚、4.5cm×2枚／地
　　　　　　巻きワイヤー#28：6cm×5本／刺繍糸（緑）：適量

花芯を作る

1 素玉ペップ24本を用意し、12本ずつ先端を揃え、ペップの2mm下に木工用ボンドをつけてまとめる。

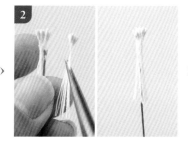

2 ペップの束でワイヤーを挟むようにして、ボンドで貼り付ける。

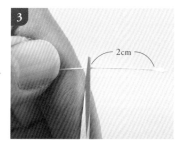

3 フランスペップは、先から2cmくらいのところでカットする。

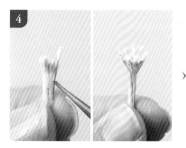

4 2の周りにペップの頭が出るように、まずは11本ボンドで貼り付ける。

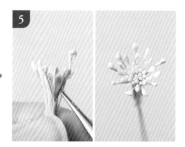

5 フランスペップの残り11本を、4で貼ったペップの間に、さらにペップの頭が出るように貼り付ける。

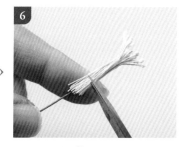

6 1のペップの軸を、フランスペップの軸の長さに合わせてカットする。

7 ペップの軸にボンドをつけ、ちりめんを巻いておく。

花びらを作る

8 ひだ寄せつまみ（P12）の1〜12と同様に、花用の布で花びらをつまむ。

9 花びらの先端の中央を指でつまみ、尖らせる。

破線の位置で端切りする。

端切りをしたら糊板で休ませる。残りの花用の布19枚も、8〜10と同じく全てつまむ。

7のちりめん部分に糊をつけ、2.5cmのつまみからちりめんの上辺の位置に葺く。

5枚葺いたところ。

同様に、残りの2.5cmの5枚を13の間に置き、少し下にずらして葺く。

次に3cmのつまみ5枚を、14の間に置き、少し下にずらして葺く。

最後に4.5cmのつまみ5枚を15の間に葺き、お椀型になるように指で整える。

中心に穴を開けた裏打ち用の布を、16のワイヤーに通す。

布を糊で貼り付け、乾かす。

つぼみ・葉を作る

8mmのスチロール球で土台（P14）を作る。

丸裏返し（P13）でつぼみの花びらを3枚つまむ。

8〜10と同様に、ひだ寄せつまみでつぼみの花びらを3枚つまむ。

19の土台が隠れるように、20のつまみ3枚をボンドで貼り付ける。

次に、22のつぼみを覆うように21のつまみ3枚を22の付け根から葺き、乾かす。

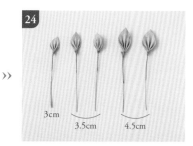

蛍袋（P40）の30〜40と同様に、葉を5本作る。

葉A（4.5cmと3.5cmを合わせたもの）と、葉B（3.5cmと3cmを合わせたもの）をそれぞれ糸で組み上げる。

23のつぼみの付け根にボンドをつけ、5mm糸を巻く。

25の葉Bを合わせて、一緒に4cmほど糸を巻き、糸をカットしてボンドで留める。

組み上げ

18の花の付け根にボンドをつけ、5mmほど糸を巻く。

25の葉Aを合わせて一緒に5mmほど糸を巻く。

24で残っている4.5cmの1本の葉を合わせて、一緒に2cmほど巻き下ろす。

27のつぼみを、写真のように合わせて一緒に5cm下まで巻いたら、糸をカットしてボンドで留める。

花の首を平ヤットコで90度曲げる。つぼみは花に合わせて手で下向きに曲げる。

最後に、ネモフィラ（P29）の37、38と同様に巻き終わりの始末をして完成。

椿

Photo » P25

【材料】

花 ……………… 羽二重（赤）：5cm×5枚
土台 ……………… 素玉ペップ極小（黄）：80本／スチロール球：8mm
　　　　　　　　　×1個／ちりめん（白）：2cm×1枚／地巻きワイヤー
　　　　　　　　　#22：12cm×1本／刺繍糸（茶）：適量
つぼみ ………… 羽二重（赤）：2.5cm×4枚
土台 ……………… スチロールバラ芯：8mm×1個／ちりめん（白）：1枚
　　　　　　　　　（2.5cm×2cm）／地巻きワイヤー#24：12cm×1本／刺
　　　　　　　　　繍糸（茶）：適量
ガク ……………… 羽二重（黄緑）：花用 2.5cm×5枚、つぼみ用 2.5cm×4枚
葉 ……………… 羽二重（緑）：5.5cm×2枚／地巻きワイヤー#28：6cm
　　　　　　　　　×2本／刺繍糸（緑）：適量

土台を作る

1
8mmのスチロール球で土台（P14）を
作る。

2
1を指で圧して筒状の形にする。

花芯を作る

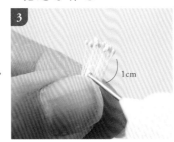

3
ペップを80本用意し、先端から1cm
のところに木工用ボンドをつけ、20
本ずつまとめる。

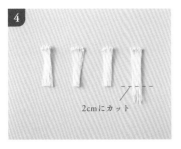

4
3を4セット作り、ペップの頭から
2cmのところでカットする。

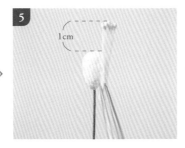

5
2の土台に、4が1cm上に出るように
ボンドで貼り付けていく。

6
先端の高さを合わせて、残りのペップ
も貼り合わせ筒状になるようにする。

花びらを作る

7
ひだ寄せつまみ（P12）の1～12まで、
花用の布で花びらをつまむ。

8
花びらの縁の中央をピンセットでつま
んで凹ませる。

9
破線の位置で端切りする。

10

糊板で休ませる。残り4枚も同様につまむ。

11

6の花芯に糊をつけ、10のつまみを写真のように葺く。

12

2枚目のつまみは11の左隣に葺く。

13

3枚目は、1の右半分の上側に重ねるように葺く。

14

4枚目は3と2の下側に、5枚目は1と2の下側に写真のように葺き、乾かす。

15

ネモフィラ（P27）の10〜12と同様に、花用とつぼみ用のガクをつまむ。

16

14に15の花用のガクをボンドで貼る。ガクの上側は花に沿わせ、下側はワイヤーに沿わせて貼り付ける。

17

写真のようにガクを5枚均等に貼り、乾かす。

葉を作る

18

蛍袋（P40）の30〜40と同様に、葉を2本作る。

つぼみを作る

19

8mmのバラ芯で土台（P14）を作る。このとき、細いほうを上にする。

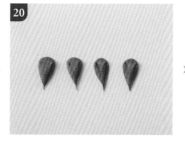

20

丸裏返し（P13）でつぼみの花びらを4枚つまむ。

21

19の土台にボンドをつけ、20を全て貼っていく。

組み上げ

22
乾いたら、15のつぼみ用のガク4枚を21の付け根にボンドで貼り付ける。

23
つぼみの付け根からワイヤーにかけて、5cmほど糸（茶）を巻いてから糸をカットし、ボンドで留める。

24
17の花のガクの根元に糸（茶）を巻き、5mm巻いたら18の葉を合わせ、一緒に巻き下ろす。

25
2cmほど巻いたら、23のつぼみを合わせて一緒に5mmほど巻き下ろす。

26
残りの18の葉を合わせ、一緒に5cm下まで巻く。

27
ネモフィラ（P29）の37、38と同様に、巻き終わりの始末をする。

28
最後に形を整えて完成。

水仙

Photo » P25

【材料】

花（2輪分）…	羽二重（黄）：2.5cm×6枚／羽二重（白）：3.5cm×12枚
土台………	茨ペップ極小（白）：12本／ちりめん（白）：花芯用 2枚（5mm×2cm）、子房用 2枚（5mm×2cm）／地巻きワイヤー#24：15cm×2本／刺繍糸（緑、黄緑）：適量
つぼみ………	羽二重（黄緑）：2.5cm×3枚
土台………	スチロール球：8mm×1個／ちりめん（白）：2cm×1枚、1枚（1cm×3cm）／地巻きワイヤー#24：12cm×1本／刺繍糸（緑、黄緑）：適量
苞葉………	羽二重（黄緑）：2.5cm×1枚
葉（2本分）…	メタリックヤーン（緑）：30cm×2本／地巻きワイヤー#30：36cm×2本／刺繍糸（緑）：適量

花芯を作る

1 茨ペップを6本用意し、3本をまず木工用ボンドでまとめる。

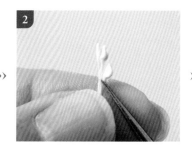

2 残りの3本を1の下にずらして、1のペップの間に貼り付けるようにしてまとめる。

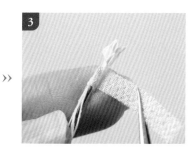

3 ワイヤーに2をボンドで貼り付け、ちりめん（花芯用）を巻いて固定する。

4 ちりめんから出たペップの軸はカットする。

花びらを作る

5 ひだ寄せつまみ（P12）で羽二重（黄）の3枚をつまむ。

6 ひだ寄せつまみ（P12）の1～12で、羽二重（白）を6枚つまむ。

7 6の先端の中央を指でつまみ、尖らせる。

8 7のつまみの下部分は、糊を馴染ませて写真のように後ろへ引っ張り、クセ付けをする。

9 糊板で休ませる。残り5枚も同様につまむ。

花びらを葺く

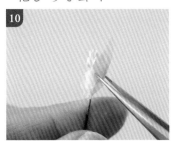

10
4の花芯のちりめん部分に糊をつけ、5のつまみを葺く。

11
筒状に4の花芯を覆うようにして、残り2枚も葺き副花冠を作る。

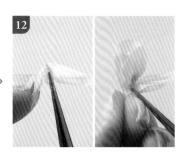

12
11の根元に糊をつけ、8でクセ付けした部分を11のワイヤーに沿わせて指で押さえ、つまみが水平になるように葺く。

13
9のつまみ3枚を、写真のように均等に葺く。

14
9の残り3枚も13のつまみの間に葺き、乾かす。

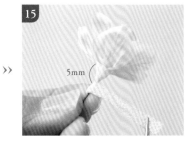

15
5mm

14が乾いたら、花の付け根から5mmのところにボンドをつけてちりめん（子房用）を巻き、子房を作る。

つぼみを作る

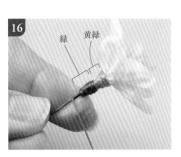

16
緑　黄緑

花の根元から15の子房までは黄緑の糸で巻き、続いて子房からワイヤーにかけて緑色の糸で5cm下まで巻く。

17
花の首（子房の下辺り）を平ヤットコで90度曲げたら花の完成。1〜16と同様にもう1輪作る。

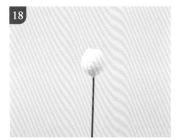

18
8mmのスチロール球で土台（P14）を作る。

19
丸裏返し（P13）で、つぼみの花びらを3枚つまむ。

20
18の土台に、ボンドで19のつまみを写真のように3枚貼り付ける。

21
つまみの下部分にボンドをつけ、その上からちりめん（1cm×3cm）を巻き、つぼみの付け根に厚みを出す。

22

21で巻いたちりめんを隠すように、ボンドをつけながら黄緑の糸を巻き、糸をカットしてボンドで留める。

23

次は緑の糸を、22の巻き終わりに少し重ねて巻き、ワイヤーの3cm下まで巻き下ろす。

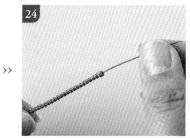

24

30cmのメタリックヤーンに#30のワイヤーを通す。

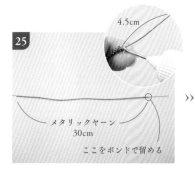

25

4.5cm

メタリックヤーン
30cm

ここをボンドで留める

ワイヤーの端から4.5cmのところにボンドをつけ、メタリックヤーンをワイヤーに固定する。

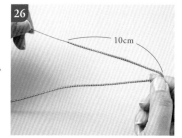

26

10cm

25で固定したところから10cm下の位置で折り曲げる。

27

反対側の固定していないメタリックヤーンの端を26で折り曲げたところに合わせて、「の」の字になるようにさらにワイヤーを曲げる。

28

27で固定していないメタリックヤーンの先端部分から、ワイヤーを1.5cmほど出す。

29

26で折り曲げた部分に、28で引き出したワイヤーを引っ掛けて平ヤットコで曲げる。

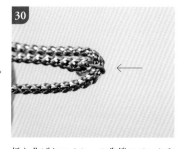

30

折り曲げたワイヤーの先端にボンドをつけ、メタリックヤーンの中にワイヤーを沈めて圧着する。

31

26、27で折り曲げた3本が、ぴったりとくっつくように整える。

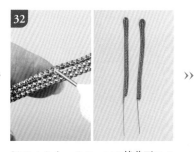

32

31のメタリックヤーンの接着面にボンドをつけて圧着し、平らになるように整える。同様の葉をもう1本作る。

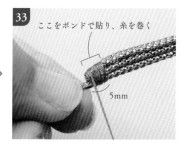

33

ここをボンドで貼り、糸を巻く

5mm

32の葉2本の根元を5mmほどボンドで重ねて貼り、糸を巻いたらワイヤーにかけても1cm巻いておく。

苞葉を作る

34

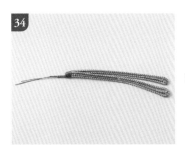

巻いたところ。

35

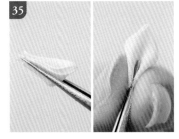

苞葉用の布で剣つまみ（P11）の1～7をし、つまみの背の部分をピンセットで押し込む。

36 後ろ 前

つまみの足の後ろ部分のみ、ボンドで貼り付ける。

組み上げ

37

写真のように、23のつぼみと16の花の3本を合わせてボンドをつけ、糸を数回巻いて固定する。糸はカットしてボンドで留める。

38

37でまとめたところに少しボンドをつけ、36の包葉でワイヤーを包むように覆う。

39

38の苞葉のつまみを重ねたところを、黄緑の糸で5mm巻き、糸をカットしてボンドで留める。

40

2cm

続いて緑色の糸で2cmほど巻き、34の葉も合わせて写真のように一緒に巻く。

41

そのまま3cmほど下まで巻き下ろし、ネモフィラ（P29）の37、38と同様に、巻き終わりの始末をする。

42

最後につぼみを曲げて、葉の形をカーブさせるように整えたら完成。

つまみ細工を
よりリアルに作るポイント

つまみ細工で作る花を、よりリアルに仕上げるにはちょっとしたポイントがあります。
自然に咲いている花や、花屋で生花を買ってきたときには、まずはじっくりと観察してみるのがおすすめです。

Point 1
花芯で差をつける

左：座金とパールビーズの花芯　　右：ペップの花芯

同じつまみ細工の花でも、花芯が違うだけで作品の雰囲気ががらりと変わります。リアルな作品を作りたい場合は花芯の再現度がとても重要で、作品の仕上がりを左右します。写真のように花芯に座金やビーズを合わせると華やかになり、小さいペップを使うとリアルさが表現できます。

Point 2
ペップは小さい物を選ぶ

左：S（小）サイズ　右：SS（極小）サイズ

左：紙糸タイプのもの　右：綿糸タイプのもの

花芯に使用するペップは色々な種類があります、大きさが小さければ小さいほどリアリティが表現しやすいため、極小サイズ（SS）をよく使います。軸は綿糸のものがボンドでまとめやすいので、扱いやすくおすすめです。

Point 3
色は複数使いで表情を出す

自然の植物を見てみると、花の花びらや葉は光の加減で様々な色に見えたりします。そんな色の表情や見え方の変化を作品に取り入れると、よりリアルに仕上がります。

例えば、葉の色も緑を1色とせず、複数の緑を用意して組み合わせることで表情や深みが出ます。葉に複数の色があると、より花を引き立たせることができます。

花芯の場合は、黄色いペップにアルコールマーカーで濃い黄色や黄緑を少し塗り足すことで、陰影が出てよりリアルに花芯を表現することができます。ペップにアルコールマーカーで着色する際は、均一ではなく多少ムラを出すように塗るのがおすすめです。

PART 3

贈りたい一輪の花束

季節の花々を一輪挿しとして壁に飾れば、素敵なインテリアに。
部屋の雰囲気も一気に華やぎます。
How to make » P74, P78, P86, P90

心を込めた贈り物には、
大輪の一輪の菊を添えて。
凛とした花の佇まいが
特別感を演出します。
How to make » P82

アネモネ

Photo » P72

【材料】

花 ……… 羽二重（白）：3.5cm×2枚、4cm×4枚、5cm×6枚／裏打ち用羽二重（白）：2cm×1枚 ※角をカットし丸くしておく

土台 ……… 素玉ペップ極小（黒）：50本／スチロール球：8mm×1個／ちりめん（黒）：2cm×1枚、1枚（4cm×5mm）／地巻きワイヤー#22：18cm×3本／刺繍糸（黄緑）：適量

つぼみ ……… 羽二重（白）：3.5cm×3枚、4cm×3枚

土台 ……… スチロール球：1cm×1個／ちりめん（白）：2.2cm×1枚／地巻きワイヤー#22：18cm×3本／刺繍糸（黄緑）：適量

葉 ……… 羽二重（緑）：花用 2cm×9枚、3cm×9枚、4cm×3枚／つぼみ用 2cm×6枚、3cm×4枚、4cm×2枚／地巻きワイヤー#28：12cm×5本／刺繍糸（緑）：適量

【道具】 ローパスFカラー（赤紫、紫）

土台を作る

1

8mmのスチロール球で土台（P14）の1～6まで作る。

2

土台に木工用ボンドをつけ、ちりめん（黒）を上から被せて貼る。

花芯を作る

3

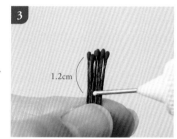

1.2cm

黒ペップ10本の先端を揃え、上から1.2cmのところにボンドをつけまとめる。

4

3を全部で5セット作る。

5

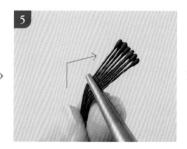

まとめた軸の、上から1.2cmの位置を平ヤットコで挟み、そのまま折って角度をつける。残りの4つも同様に角度をつける。

6

5でつけたペップの角度を2の土台の付け根に合わせるようにして、土台に5を全てボンドで貼る。

花びらを作る

7

軸が曲がっていないところの上部にボンドをつけ、ちりめん（黒）を巻いていく。

8

ボンドが乾いたら、下に出ている軸をニッパーでカットする。

9

ひだ寄せつまみ（P12）で花とつぼみ用の布を全てつまみ、牛乳パックの糊板で休ませる。

10

9の全てのつまみをつまみ染め
（P18）で染めていく。まずは薄い色
でひだの根元から染める。

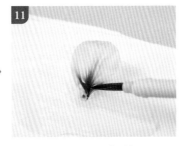

11

次に濃い色で、ひだの根元部分のみに
色を入れていく。

12

色が落ち着くまで半乾きくらいまで乾
しておく。

花びらを葺く

13

8の土台の根元に糊をたっぷりつけて、
まずは3.5cmのつまみを葺く。

14

上から見たところ。写真のように上下
に3.5cmのつまみを2枚葺く。

15

次に4cmのつまみを14の両側に2枚
ずつ葺く。

16

最後に5cmのつまみを、14、15のつ
まみの間の位置に6枚葺く。

17

上から見たところ。

18

花びら全体が花芯のほうへ沿うように、
指で包み込むようにしながらそっと形
を整える。

つぼみを作る

19

裏打ち用の羽二重（白）に目打ちで穴
を開け、ワイヤーに通す。

20

花びらの根元を覆うように糊で貼る。
ピンセットで細かい部分にも糊をつけ
て羽二重を馴染ませ、乾かす。

21

1cmのスチロール球で土台（P14）を
作る。

22 9でつまんだ3.5cmのつぼみ用のつまみ3枚を、21の土台を覆うように葺いていく。

23 次に4cmのつまみを22の間に来るように葺いていき、乾かす。

24 葉用の布2cmを剣つまみ（P11）で、3cm・4cmを剣裏返し（P13）でつまむ。

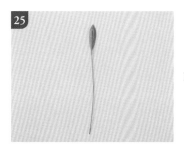

25 4cmのつまみはユリ（P43）の13～16と同様にボンドでワイヤーを貼っておく。

26 3cmのつまみ上部の側面にボンドをつけて、2cmのつまみを貼り付ける。

27 残りの2セットは、2cmと3cmの葉の位置を逆にして貼り付ける。

28 26を25の左側にボンドで貼り付ける。27の2セットは右側に重ねて貼り付ける。

29 葉の根元とワイヤーにボンドをつけ、糸で3cm下まで巻いたら糸をカットし、ボンドで糸端を留める。

30 糸巻きをし終えたところ。24～29と同様に葉をあと2本作る。

31 根元から5mmのところを平ヤットコで挟み、垂直に曲げる。

32 つぼみ用の葉も、24、25と同じようにつまむ。

33 2cmと3cmのつまみをボンドで貼り付け、2セット作る。残った2cmのつまみはそのままの状態で置いておく。

組み上げ

ワイヤー付きの4cmのつまみの両側面に、33のつまみを写真のようにボンドで貼り付け、29と同じように糸を巻く。

34と同様のものをもう1本作る。2本とも、31のように根元を曲げておく。

23のつぼみのワイヤーに2本のワイヤーをボンドで貼り合わせ、太さを出す。付け根にボンドをつけ、3本取りの糸を5mm巻く。

写真のように35の2本の葉を合わせて、ボンドをつけ一緒に糸で巻く。

上から見たところ。つぼみと葉のバランスが整っているかこのタイミングで確認する。

そのまま6cmほど糸を巻き下ろし、糸をカットしボンドで糸端を留める。

20の花の軸にも36と同様にワイヤーを2本ボンドで貼り合わせ、根元に糸を5mm巻く。

31の3本の葉を花と合わせ、バランスを見る。

位置が決まったらボンドをつけて一緒に巻き、3cmほど巻き下ろす。

39のつぼみを平ヤットコで軽く曲げる。42と合わせたら最後まで糸を巻き下ろす。

ネモフィラ（P29）の37、38と同様に、巻き終わりの始末をする。最後に花の首を指で軽く曲げ、形を整えて完成。

フリージア

Photo » P72

【材料】

花 ………… 花A（2輪）：羽二重（黄）2.5cm×6枚、4cm×12枚
　　　　　　花B：羽二重（黄）2.5cm×3枚、3.5cm×6枚
土台A ……… 素玉ペップ極小（黄）：9本／茨ペップ極小（白）：9本／スチ
　　　　　　ロール球：8mm×3個／ちりめん（白）：2cm×3枚／地巻き
　　　　　　ワイヤー#22：18cm×3本／刺繍糸（緑）：適量
つぼみ ……… つぼみA：羽二重（黄）3cm×3枚／つぼみB：羽二重（薄黄
　　　　　　緑）3cm×3枚／つぼみC：羽二重（黄緑）2.5cm×3枚／つ
　　　　　　ぼみD：羽二重（濃黄緑）2cm×3枚
土台B ……… ちりめん（白）：3枚（5cm×1cm）／地巻きワイヤー#28：
（つぼみA～C用）　9cm×3本／刺繍糸（緑）：適量
土台C ……… ちりめん（白）：1枚（3cm×8mm）／地巻きワイヤー#28：
（つぼみD用）　9cm×1本／刺繍糸（緑）：適量
ガク ………… 羽二重（緑）：2cm×14枚

花芯を作る

花用の土台を作る

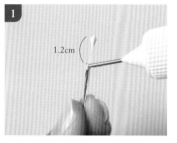

素玉ペップ（黄）3本を木工用ボンドでまとめ、先端から1.2cmの位置でワイヤーに貼り付ける。

茨ペップ（白）3本を、1の周りを囲むように貼り付ける。

8mmのスチロール球にまち針で穴を開け、さらに目打ちで穴を広げる。

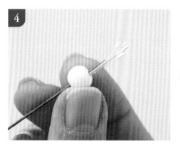

3の穴に2の花芯をワイヤーのほうから差し込む。

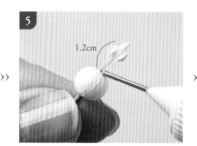

花芯のワイヤー部分にボンドをつけ、上部1.2cmくらいが出るようにスチロール球に差し込み、乾かす。

スチロール球の下半分を指で圧して細めておく。

ちりめんの中心に目打ちで穴を開け、6のワイヤーに差し込む。

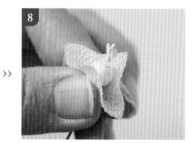

下からスチロール球を包むように、ちりめんをボンドで貼り付ける。

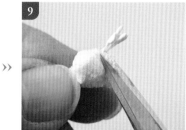

花芯のキワまでちりめんを貼り付け、余分なちりめんをカットする。

つぼみ用の土台を作る

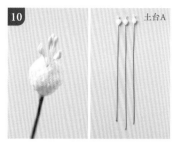

10 同じものをあと2本作る。

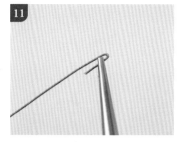

11 ワイヤーの先端を1cmほど平ヤットコで折り曲げる。

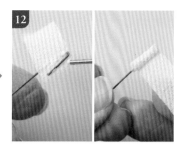

12 ちりめん（5cm×1cm）を11の折り曲げた箇所に挟み、ボンドをつけながらくるくると巻いていく。

花Aを作る

13 同様にして土台Bをあと2本作る。さらに11、12と同じ要領でちりめん（3cm×8mm）を巻いたもの（土台C）を1本作る。

14 4cmの布6枚を使って、ひだ寄せつまみ（P12）の1〜12で花びらをつまむ。

15 花びらの先端の中央を指でつまんで尖らせ、ひだの根元に糊をつけ指で圧着する。

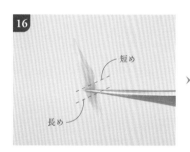

16 15の6枚のうち、端切りが短い花びらを3枚、長い花びらを3枚作る。

17 全てを端切りしたら糊板で休ませる。

18 2.5cmの布を使って、丸裏返し（P13）で花びらを3枚つまむ。

花Aを葺く

19 土台Aに糊をつけ、16で短く端切りしたつまみを花芯の根元に葺く。

20 残りの2枚を均等に葺く。

21 次に20の間に16で長く端切りしたつまみを3枚葺く。

22

21のつまみの間に、18のつまみを写真のように糊で貼り付ける。

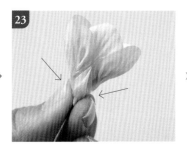

23

22のつまみの下部を指で押さえ、土台とワイヤーに沿わせるようにする。

24

同様にもう1輪作る。

花Bを葺く

25

14〜18と同様に花Bの花びらをつまむ。

26

土台Aに糊をつけ、25の短く端切りしたつまみ3枚を土台に垂直になるように葺く。

27

長く端切りしたつまみ3枚も、26が外側へ開かないように垂直に葺く。

つぼみを作る

28

26の間に、22と同様に丸裏返しのつまみを貼り付ける。

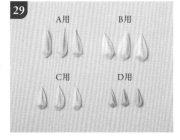

29

丸裏返し（P13）で、つぼみA〜Dを各3枚ずつつまむ。

30

土台Bの根元にボンドをつけ、29のつぼみAをふんわりと貼り付ける。

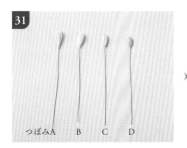

31

30と同じ要領でつぼみB、つぼみCを土台Bに、つぼみDを土台Cに貼り付ける。

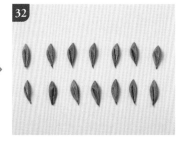

32

剣裏返し（P13）でガクを14枚つまむ。

33

32のガク2枚を花Aの根元が少しだけ隠れるようにボンドで貼り、ガクの根元から1.5cm下まで糸を巻く。

組み上げ

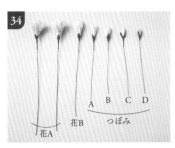

34

33と同様に残りの花A、花B、つぼみA〜Dにもガク2枚を貼り、つぼみD以外は根元から1.5cm下まで糸を巻いておく。

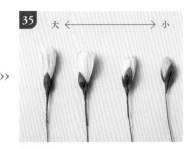

35 大 ←――――→ 小

POINT つぼみが小さくなるほど、ガクの位置は上にずらして貼り付ける。

36

つぼみDのガクの根元から糸を1cm弱巻き下ろし、巻き終わりで「くの字」に曲げる。

37

つぼみCに36を写真のように合わせ、一緒に1.5cmほど糸で巻く。

38

次に37を「くの字」に曲げる。

39

つぼみBに38を写真のように合わせ、一緒に1.5cmほど糸で巻く。

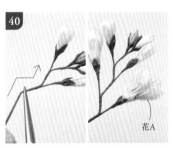

40

36〜39を繰り返し、花Aの1本目までジグザクに糸で巻いて組み上げる。

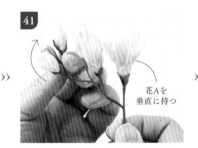

41

花Aを垂直に持ち、花BとつぼみA〜Dを上向きに軽く曲げる。

42

花Aも40と同じく「くの字」に曲げる。

43

最後の2輪目の花Aに、42を垂直に沿わせて糸を巻き、10cm下まで巻き下ろす。

44

最後に、ネモフィラ（P29）の37、38と同様に巻き終わりの始末をして完成。

菊

Photo » P73

【材料】

花 ……	羽二重（白）：2.5cm×9枚（1段目）／3cm×27枚（2〜4段目）／3.5cm×9枚（5段目）／4cm×18枚（6、7段目）／5cm×18枚（8、9段目）／6cm×18枚（10、11段目）
土台 ……	スチロール球：1.5cm×1個／ちりめん（白）：3.5cm×1枚／地巻きワイヤー#22：18cm×1本／刺繍糸（緑）：適量
葉 ……	羽二重（緑）：3cm×12枚、4cm×3枚／地巻ワイヤー#26：12cm×3本／刺繍糸（緑）：適量

土台を作る

1
1.5cmのスチロール球を、机などに押しつけて平らにする。

2
1のスチロール球で、平らのほうを下にして土台（P14）を作る。

花びらを作る

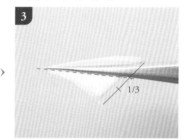

3
花用の2.5cmの布で剣つまみ（P11）の1〜4と同じように花弁をつまみ、端切りは1/3を残す位置でカットする。

4
剣裏返し（P13）で裏返す。

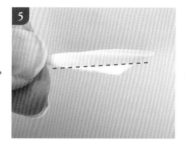

5
4で裏返しするときにできる裁ち目の余りを、破線の位置でカットする。

6
再度裁ち目に木工用ボンドをつけ、裁ち目を圧着する。

7
つまみの根元をピンセットで挟む。

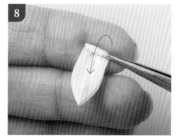

8
裁ち目が内側になるように、ピンセットにくるくると巻き付けていく。

9
ピンセットを抜いて、丸くクセ付けする。

10 カットして　　カット済み
いない

POINT 5、6のように余分な裁ち
目をカットすることで、滑らかなカー
ブを出すことができる。

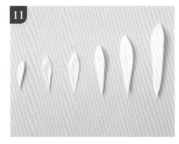

11

花用の1〜11段目の全ての布を、3
〜9と同様につまむ。

12　　　　　2段目　5段目　10段目

段数が多くなるほど、クセ付けを強く
する。

花びらを葺く

13

2の土台にボンドを塗り、つまみの
先端が土台の中心に来るように、1
段目のつまみを葺く。

14 1段目

土台が隠れるように、上から見て花び
らの並びが放射線状になるように葺い
ていく。

15

2段目はボンドを1段目の下部にだ
けつけ、1段目の間に来るように貼
り付ける。

16 2段目

上から見ると、上部が浮き上がる感じ
に葺く。

17

15と同じ要領で、前の段の間に次の
段のつまみが来るように、順番に葺い
ていく。

18 3段目

3段目を葺いたところ。

19 4段目

4段目を葺いたところ。

20

5段目から、花びらの先端にピンセッ
トを巻き付けカーブを強める。

21 5段目

5段目を葺いたところ。

22 6段目

6段目を葺いたところ。

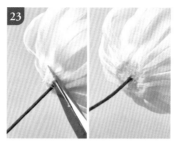

23

6段目まで来たら、土台裏を見て土台の底の余分なつまみをカットする。

24 7段目

7段目を葺いたところ。

25 8段目

8段目を葺いたところ。

26 9段目

9段目を葺いたところ。

27 10段目

10段目を葺いたところ。

28

11段目まで来たらつまみの根元を少しカットし、土台を裏返してワイヤーを中心に花びらが放射線状になるように貼り付けていく。

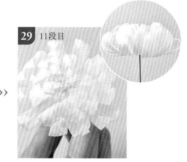

29 11段目

11段目を葺いたところ。

30

11段目は数枚、根元から下がるようにピンセットで根元を挟み、クセ付けする。

葉を作る

31

花びらの開き具合を中心から外へ徐々に広がるように整える。

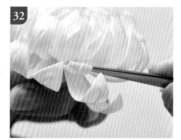

32

花びらの巻きが弱いところは、再度ピンセットで巻いてクセ付けする。

33

3cm×4枚と4cm×1枚の葉用の布で、丸つまみ（P10）で葉を5枚つまむ。裁ち目はボンドで留める。

先端を曲げたワイヤーを、33の4cmのつまみの側面にボンドで貼り付ける。

写真のように34の右側にワイヤーを挟むように、3cmのつまみを2つボンドで貼る。

34の左側にも、残りのつまみを2つ貼り付ける。

組み上げ

葉の根元から1.5cmほど糸を巻き、糸をカットして糸端をボンドで留める。

33〜37と同様に葉を3本作る。

葉3本を写真のように1本にまとめ、3cm糸で巻き、糸をカットして糸端をボンドで留める。

中央の葉の根元から3cmほどのところを平ヤットコで挟み、90度曲げる。

32の花の付け根から5mm糸を巻き下ろし、40の葉を合わせて一緒に6cmほど糸を巻き下ろす。

最後に、ネモフィラ（P29）の37、38と同様に巻き終わりの始末をして完成。

バラ

Photo » P72

【材料】

花 ……… 羽二重（赤）：2cm×1枚、2.5cm×3枚、3.5cm ×4枚、4cm×4枚、5cm×4枚、5.5cm×8枚／裏打ち用羽二重（赤）：2cm×1枚　※角をカットし丸くしておく

土台 ……… スチロールバラ芯：20mm×1個／ちりめん（白）：5cm×1枚／地巻きワイヤー#22：18cm×1本／刺繍糸（緑）：適量

ガク ……… 羽二重（緑）：2.5cm×5枚

葉 ……… 羽二重（緑）：4cm×1枚、5cm×1枚／地巻きワイヤー#26：12cm×2本／刺繍糸（緑）：適量

土台を作る

花びらを作る

1

20mmのバラ芯で土台（P14）を作る。

2

花用の布（2.5cm～5.5cm）で、ひだ寄せつまみ（P12）の1～12で花びらをつまむ。

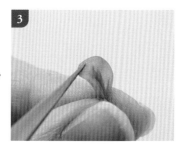

3

2.5cm、3.5cmのつまみは先端をピンセットで挟み、少しだけ外側へ反らす。

4

4cm、5cmのつまみは、3のつまみよりも大きく外側へ反らす。

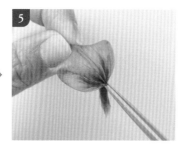

5

5.5cmのつまみは、4よりもさらに大きく外側へ反らせて先端の中央を糊をつけた指でつまみ、少し尖らせる。

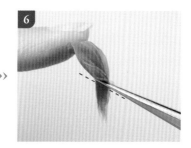

6

3～5は破線の位置で端切りする。

花びらを葺く

7

端切りしたつまみを糊板で休ませる。

8

1の土台にたっぷりと糊をつけ、3の2.5cmのつまみを立てるように葺く。

9

上から見たところ。三角の筒状になるように葺いていく。

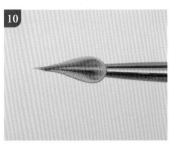

2cmの布を丸つまみ（P10）でつまみ、少し糊板で休ませておく。

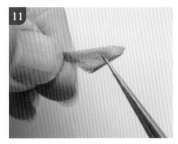

指でつまみの根元を挟み、ピンセットで背を閉じるようにして三角の形にする。

つまみの背をピンセットで挟み、上辺が揃うようにくるくると巻く。

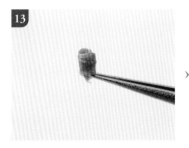

最後に布の端を糊で留める。

9の筒状に葺いた花びらの中に13を入れる。

ピンセットで13を土台につけた糊に押し付けるようにし、筒状の中で密着するように整える。

3.5cmのつまみを写真のように葺く。

残りの3枚も、2.5cmのつまみを四角形で囲むように葺いていく。

4cmのつまみは土台の下部から葺き、17より少し開き気味に葺く。

上から見たところ。

5cmのつまみは、さらに開き気味に葺く。

少し間を空ける

上から見たところ。5cmのつまみは、写真のように4枚均等にせず少しずらして葺く。

22

21の間を埋めるように、5.5cmのつまみ4枚を土台の底の部分から葺く。

23

上から見たところ。

24

最後の5.5cmの4枚は、ほぼ水平になるように葺いていく。

25

上から見て、バランスが良くなるように丸く形を整える。

26

裏止め用の生地の中央に目打ちで穴を開け、ワイヤーに通す。

27

花の付け根に糊をつけ、生地を貼り付けて乾かす。

ガクを作る

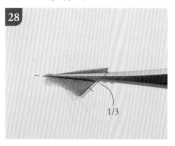

28

1/3

ガク用の布を丸つまみ（P10）でつまむ。1/3の位置で端切りをする。

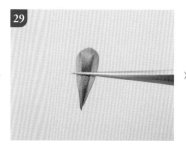

29

裁ち目を木工用ボンドで留め、乾いたら裏返す。同様に5枚作る。

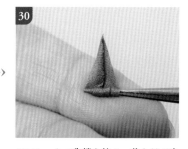

30

ピンセットで先端を挟み、裁ち目が内側になるように巻いてカーブをつける。

31

先端をつまむ

つまみの先をつまんでボンドをつけ、尖らせる。

32

尖らせた部分にボンドをつけ、花の付け根のワイヤーに沿わせるように貼る。

33

5枚均等に花の裏側に貼り付ける。

葉を作る

34

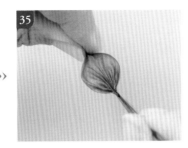
35

36

葉用の5cmの布をひだ寄せつまみ（P12）の1～12までつまみ、ひだの根元に糊をつけ、指で圧着する。

先端の中央をつまんで軽く引っ張って尖らせ、乾かす。

蛍袋（P41）の37、38と同様に35を端切りし、葉のひだを開く。

37

38

組み上げ

39

葉の中央にワイヤーを挟み、ボンドで圧着したら2cm下まで糸を巻き、糸をカットしてワイヤーにボンドで留める。

4cmの布も34～37と同様に葉を作り、2本を付け根から1cmほどのところで合わせる。そのまま一緒に1.5cm下まで糸を巻いておく。

33のガクの付け根にボンドをつけ、糸で3cm下まで巻き下ろす。

40

ボンドをつけて38の葉を組み合わせる。一緒に最後まで巻き、最後にネモフィラ（P29）の37、38と同様に巻き終わりの始末をして完成。

ラナンキュラス Photo » P72

【材料】
花‥‥‥‥‥ 羽二重（黄緑）：2cm×1枚／羽二重（薄黄緑）：3cm×3枚／羽二重（白）：3.5cm×12枚／羽二重（ピンク）：4cm×10枚、5cm×15枚、6cm×10枚／裏打ち用羽二重（ピンク）：2cm×1枚　※角をカットし丸くしておく
土台‥‥‥‥ スチロール球：1.5cm×1個／ちりめん（白）：3.5cm×1枚／地巻きワイヤー#22：18cm×3本／刺繍糸（緑）：適量
つぼみ‥‥‥ 羽二重（ピンク）：3.5cm×5枚
土台‥‥‥‥ スチロール球：1.5cm×1個／ちりめん（白）：3.5cm×1枚／地巻きワイヤー#24：18cm×3本／刺繍糸（緑）：適量
ガク‥‥‥‥ 羽二重（緑）：花用2.5cm×5枚、つぼみ用3cm×5枚
葉‥‥‥‥‥ 羽二重（緑）：2.5cm×4枚、4cm×3枚／地巻きワイヤー#28：12cm×3本／刺繍糸（緑）：適量

土台を作る

1
1.5cmのスチロール球で土台（P14）を作る。

花びらを作る

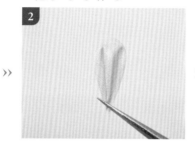

2
2cm（黄緑）の布を丸裏返し（P13）でつまむ。

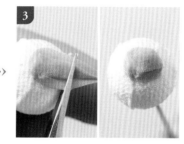

3
土台の中央に2を木工用ボンドで写真のように貼り、余分なところをカットする。

4
3〜6cmの布を、ひだ寄せつまみ（P12）の1〜12でつまむ。

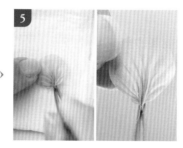

5
つまんだあと再度花びらを湿らせ、指でならして上部のひだを取るようにする。

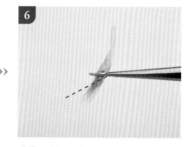

6
破線の位置で端切りする。

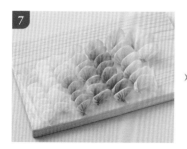

7
全ての花びらをつまんだら糊板で休ませる。

花びらを葺く

8
3で貼ったつまみを囲むように、3cm（薄黄緑）のつまみを葺く。

9
上から見たところ。中心が小さな三角形になるように意識する。

9を囲むように、3.5cm（白）のつまみを横向きに並べて葺く。

少しずつずらしながら葺き、つまみの下部分は糊で土台に固定する。

全て葺き終わったところ。

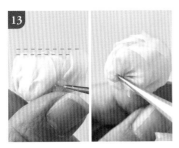

4cmのつまみを12のつまみに沿わせるように葺く。このとき、12よりも少し上の位置に来るように葺いていく。

4cmの10枚を1周葺き終わり、上から見たところ。

14のつまみと同じ高さになるように、5cmのつまみを14を囲むように1周葺いていく。

5cmの10枚を1周葺き終わり、上から見たところ。

2周目として、残った5cmのつまみは、徐々に立てるように葺いていく。

6cmのつまみは横にせず立てるようにして、15のつまみよりも上辺が下になるように17に続けて葺いていく。

6cmを全て葺き終わり、上から見たところ。

裏打ち用の羽二重の中心に目打ちで穴を開け、ワイヤーに通す。そのまま花の根元に糊で貼り付け乾かす。

ガク用の布を丸裏返し（P13）で5個つまむ。

22

20の裏にバランス良くガクをボンドで貼り付ける。

23

つぼみ用の布とガク用の布を丸裏返し（P13）で5個ずつつまむ。

24

1と同じつぼみ用の土台を用意し、23のつぼみ用のつまみで土台が隠れるようにボンドで貼り付けていく。

25

23のガクの尖っているほうを上にして、24の下側からガクをボンドで貼り付ける。

26

写真のように5枚均等に貼り付ける。

27

つぼみ用のワイヤーに、残り2本のワイヤーをボンドで貼り合わせて太さを出す。

葉を作る

28

ガクの根元を3本取りの糸で巻き、そのまま5cmほど巻き下ろしてボンドで留める。糸は切らずにそのままにしておく。

29

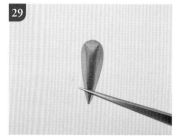

葉用の4cmの布を、丸裏返し（P13）でつまむ。

30

29の先端にごく少量のボンドをつける。

31

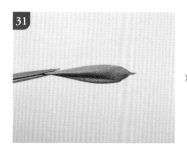

ピンセットでつまんで、葉の先を尖らせる。

32

先端を曲げたワイヤーにボンドをつけ、31の葉の裏側に引っ掛けるように貼り付ける。

33

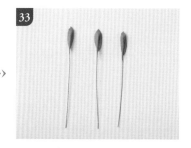

これを3本作る。

29〜31の要領で葉用の2.5cmの布を
つまみ、写真のように32の側面にボン
ドで貼り付ける。

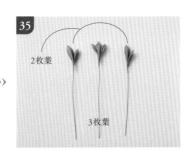

写真のように、2.5cmのつまみを33に
2枚つけた3枚葉を1本と、33に1
枚つけた2枚葉を2本作る。

3枚葉のワイヤーの付け根から5mm
糸を巻く。

組み上げ

残り2本の2枚葉を36の両側に合わ
せ、糸でまとめそのまま3cmほど巻い
たら糸をカットし、ボンドで留める。

28の糸の巻き終わりに37の葉を合わ
せ、そのまま28の糸で一緒に3cmほど
巻き、糸をカットしてボンドで留める。

22の花のワイヤーに、残り2本のワ
イヤーをボンドで貼り合わせ太さを出
す。

花の付け根から糸を5cmほど巻き下ろ
し、38のつぼみを合わせて一緒に最
後まで巻き下ろす。

最後にネモフィラ（P29）の37、38と
同様に巻き終わりの始末をする。つぼ
みや葉の向きを整えて完成。

生花のようなつまみ細工を
楽しむためのアレンジ術

　私が生花のようなつまみ細工を始めたきっかけは、ただシンプルに好きな花をリアルに表現したいという思いからでした。しかし、お客様からのオーダー作品を作る中で、特定の花のご依頼を受けることも増えました。「好きな花を作ってほしい」という要望はもちろん、「自分の誕生月の季節の花」や「名前にちなんだ花」、「行事の季節に合わせた花」、さらには「思い出の花」など、花にまつわる様々な依頼が寄せられます。これらの花を髪飾りに取り入れて作るようになり、作品のバリエーションは次第に増え続け、今では幅広いスタイルのつまみ細工を提供しています。

　つまみ細工の緻密な美しさや手作業によって作り上げられるディテールは、伝統的なモチーフの作品において大きな魅力です。そして、その作品に生花のような花をひとつ加えることで、一気に華やかさが増し、オリジナル感とオンリーワンな価値が生まれます。

　また、生花タイプのお花はひだ寄せつまみで表現されることが多く、その柔らかい表情やフォルムが特徴です。そのため、剣つまみや丸つまみで作られたつまみ細工のパーツと組み合わせることで、髪飾り全体の形状にメリハリが生まれ、バランスや相性がとても良くなると思っています。

　本書でもご紹介しているアネモネ（P74）をメインにし、つまみかんざしにアレンジしたデザインや、「伝統的なつまみ細工」のモチーフと「生花タイプの小花」を組み合わせたコーム（チョコレートコスモス（P57）を白のトーンでアレンジ）は、作品アイデアの1つです。

　こうした例のように、ぜひとも本書で紹介している作品のカラーにとらわれず、ご自身の好みやデザインの組み合わせで、独自のつまみ細工作品を作り上げてみませんか？
　つまみ細工はシンプルな技法ですが、その可能性は無限大。工夫やアイデア次第で、和風や洋風など様々なアレンジが可能です。
　思い出や感情が込められた生花のような花々をつまみ細工の作品に盛り込み、オリジナルの作品作りを楽しんでいただけると嬉しいです。

PART 4

憧れの花を装う

おしゃれのアクセントとして、
胸元にピンク色が愛らしい芍薬のコサージュを。
花びらの重なりが豪華なので、パーティーにもぴったりです。
How to make » P98

七五三・成人式・結婚式……。
お祝いの門出で纏う和の装いには、
藤や桜の髪飾りで特別な華やかさをプラスしましょう。
How to make » P102〜

芍薬のコサージュ　Photo » P96

【材料】
花‥‥‥‥‥‥　羽二重（ピンク）：2.5cm×12枚、3cm×6枚、4cm×12枚、5.5cm×6枚、6cm×6枚
土台‥‥‥‥‥　スチロール球：1.5cm×1個／ちりめん（白）：3.5cm×1枚／地巻きワイヤー#22：12cm×1本／刺繍糸（緑）：適量
つぼみ‥‥‥‥　羽二重（ピンク）：2.5cm×9枚、4cm×4枚、5.5cm×4枚
土台‥‥‥‥‥　スチロール球：1.5cm×1個／ちりめん（白）：3.5cm×1枚／地巻きワイヤー#22：12cm×1本／刺繍糸（緑）：適量
ガク‥‥‥‥‥　羽二重（緑）：花用 3cm×3枚、つぼみ用 3cm×3枚
葉‥‥‥‥‥‥　羽二重（緑）：3.5cm×3枚、4.5cm×3枚／地巻きワイヤー#28：12cm×6本／刺繍糸（緑）：適量
ブローチ用‥‥　ブローチピン（3cm）：1個／刺繍糸（緑）：適量／フローラテープ（緑）：3cm
【道具】‥‥‥　マスキングテープ：適量

土台を作る

花びらを作る

花とつぼみ用の羽二重は単色でも作れるが、本書では布サイズが大きくなるにつれて色が濃くなるように、グラデーション染め（P17）の布を使用する。

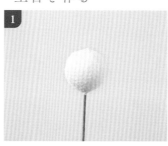

1

1.5cmのスチロール球で花用とつぼみ用の土台（P14）を作る。

2

花用の布で、ひだ寄せつまみ（P12）の1～11で花びらをつまむ。

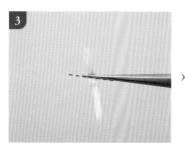

3

2.5cmはひだを残すように指で押さえ、開かずに破線の位置で端切りする。

4

3～6cmはひだ寄せつまみ（P12）でつまむ。

5

花びらを全てつまんだら、糊板で休ませる。

花びらを葺く

6

1の花用の土台にたっぷりと糊をつけ、3のつまみを立てるように放射線状に葺く。

7

そのまま6枚葺き、最初の6枚の間にさらに6枚葺く。上から見ると12枚が放射線状になるようにする。

8

3cmのつまみは、7のつまみを囲むように葺いていく。

9

葺いたところ。

10

4cmのつまみは6枚をまず1周、9のつまみの間の位置に葺く。このとき、少し上に被せるように葺く。

11

10を囲むように、残りの4cmの6枚で2周目を葺く。

12

10と同じ要領で5.5cmのつまみも葺く。

13

6cmのつまみは、土台の裏側からお椀型になるように葺く。

つぼみを作る

14

つぼみ用の布を、2～4と同じようにつまむ。

15

1のつぼみ用の土台にたっぷりと糊をつけ、7と同様に2.5cmのつまみ9枚を放射線状になるように葺く。

16
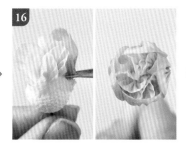
4cmのつまみは、15のつまみの上に被せるように周りに葺いていく。

17

5.5cmのつまみは、16のつまみの間に葺く。

ガクを作る

18
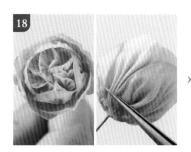
丸く閉じた形になるように、16のつまみに沿わせるように葺くのがポイント。

19

ガク用の布でひだ寄せつまみ（P12）を6枚つまむ。

20

花の土台の裏側に、花びらの根元を隠すようにしながら3枚ずつ均等に糊で貼り付ける。

21

同様につぼみにもガクを貼り付ける。

22

蛍袋（P40）の30〜40と同様に、葉を6本（3.5cmを3本、4.5cmを3本）用意する。

23

4.5cmの3本の葉を、写真のように糸で巻いて組んでおく。

組み上げ

24

21のつぼみの根元からワイヤーにかけて糸を5mm巻き、22の3.5cmの葉を合わせる。

25

3cmほど一緒に巻き下ろし、糸をカットして木工用ボンドで留める。

26

20の花の根元からワイヤーにかけて糸を5mm巻き、22の3.5cmの葉を合わせる。

27

さらに5mm巻き、もう1枚の3.5cmの葉を合わせる。

28

そのまま1cm巻き下ろし、25のつぼみを合わせて平ヤットコで角度をつけたら、ボンドをつけ数回巻く。

29

23の葉を花とつぼみの間に来るように合わせ、5cm下まで巻き下ろす。

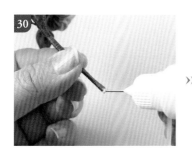

30

余分なワイヤーをカットし、ネモフィラ（P29）の37、38と同様に巻き終わりの始末をする。

31

平ヤットコで花の首を曲げ、花が正面を向くようにする。

32

写真のような形に整える。

ブローチピンを組み上げる

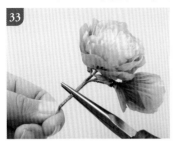

33　ブローチピンをつけやすくするために、ワイヤー部分を平ヤットコで挟み、平らにする。

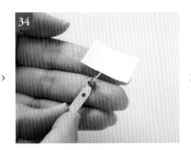

34　ブローチピンの針を開き、マスキングテープを上から貼る。

35　33で平らにしたワイヤーの裏側にボンドをつけ、34のブローチピンを合わせ貼り付ける。

36　35のワイヤーとブローチピンは指で押さえたまま、マスキングテープで開いた針を、花の上部に貼り付け固定する。

37　35のワイヤーとブローチピンがくっついたら、ブローチピンとワイヤーを合わせた部分に、薄くボンドをつける。

38　ワイヤーとブローチピンを一緒にフローラテープで2回ほど巻いて固定する。

39　余分なフローラテープはカットし、ボンドが乾くまで待つ。

40　フローラテープの上にボンドをつけ、フローラテープを覆うように上から3本どりの刺繍糸で綺麗に巻いていく。

41　ブローチピンが全て隠れたら、糸をカットし、糸端はボンドで留める。

42　36のマスキングテープを外し、針を戻す。

43　最後につぼみや葉の形を整え、完成。

八重桜のコーム　Photo » P97

【材料】
花(3輪分)……羽二重（ピンク）：2cm×15枚、2.5cm×15枚、3cm×15枚／3.5cm×15枚／裏打ち用羽二重（ピンク）：1.5cm×3枚
※角をカットし丸くしておく／素玉ペップ極小（黄）：60本
土台………スチロール球：1cm×3個／ちりめん（白）：2.2cm×3枚／地巻きワイヤー#24：12cm×3本／刺繍糸（緑）：適量
つぼみ(4個分)…羽二重（ピンク）：2.5cm×12枚、3cm×12枚
土台………ちりめん（白）：2cm×4枚／スチロール球：8mm×4個／地巻きワイヤー#26：12cm×4本／刺繍糸（緑）：適量
ガク………羽二重（黄緑）：2cm×16枚
葉…………羽二重（黄緑）：3cm×6枚／地巻きワイヤー#26：12cm×6本／刺繍糸（緑）：適量
コーム用……15本足コーム：1個／フローラテープ（茶）：約40cm
【道具】ローパスFカラー：赤紫（6のつまみ染めで使用）／アルコールマーカー（黄緑）

土台を作る

花芯を作る

1

1cmのスチロール球で土台（P14）を作る。スチロール球の下半分を指で圧して円錐状にする。

2

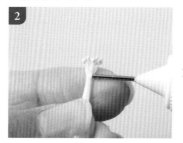

ペップ20本の先端を揃え、5mm下に木工用ボンドをつけて貼り付ける。

3

ボンドが乾いたら、黄緑色のアルコールマーカーで先端に着色する。

花びらを作る

4

軸を5mm残してカットする。

5

花用とつぼみ用の布で、ひだ寄せつまみ（P12）で花びらをつまみ、牛乳パックの糊上で休ませる。

6

染料を用意し、5が乾かないうちにつまみ染め（P18）をしてぼかした色合いにする。

花びらを葺く

7

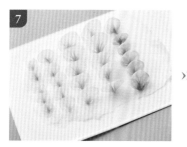

全ての花びらのつまみ染めを終えたら、染めが落ち着くまで休ませる。

8

1の土台の上に、2cmのつまみを写真のように5枚葺く。

9

次に、8のつまみの間の下側に2.5cmのつまみを葺いていく。

10 3cm、3.5cmのつまみも8、9と同様に、前に葺いたつまみの間に来るように葺いていく。

11 上から確認し、ピンセットで花びらのバランスを整える。

12 中心に目打ちで穴を開けた裏打ち用の羽二重をワイヤーに通し、糊で貼り付ける。

13 12の糊が乾いたら、花の付け根にボンドをつけ糸を4cm下まで巻き下ろす。

14 ボンドをつけた4の花芯を、花の中心に差し込む。

15 8〜14と同様に、花を残り2本作る。

つぼみを作る

16 1と同様に、8mmのスチロール球で土台を作る。

17 剣裏返し（P13）でガクをつまむ。

18 16の土台に糊をつけ、2.5cmのつまみを写真のように上から見て三角形になるように葺いていく。

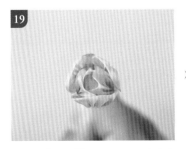

19 18のつまみの間に、3cmのつまみを葺く。

20 6と同じ染料で色の薄い部分に着色し、つぼみは花より濃いピンクにする。

21 20が乾いたら、17のガクにボンドをつけ4枚均等に貼り付ける。根元から2.5cmほど糸を巻いておく。

22

16～21と同様に、つぼみをあと3本作る。

23

蛍袋（P40）の30～37と同様に葉を作る。葉の先端に6の染料を着色し、つまみ染めをする。

24

染料が乾いたら、蛍袋（P40）の38～40と同様に葉を6本作る。

組み上げ

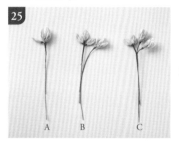

25

22のつぼみと24の葉を合わせ、A、B、Cのパターンを作る。つぼみと葉は糸で4cmほど巻いておく。

26

15の花1本を、平ヤットコで90度曲げておく。

27

曲げていない15の花と26の花とを合わせる。このとき、15の花のワイヤーに沿わせて26のワイヤーを写真のように90度曲げる。

28

残りの15の花も26、27と同様にワイヤーを曲げ、正面から見て花3つが三角形に並ぶようにする。

29

花3本のワイヤーを合わせた箇所にボンドを付け、2本取りの糸で2、3回しっかり巻く。

30

そのままCのつぼみを写真のように花に合わせ、ワイヤー部分にボンドをつけて糸で2、3回しっかり巻く。

31

次にAのつぼみを写真のように花に合わせ、30と同様に糸で巻く。

32

最後にBのつぼみを写真のように花に合わせる。

33

30と同様に糸で巻き、そのまま6cm下まで巻き下ろし、糸をカットしてボンドで留める。

コームを組み上げる

34 コームの歯に入りやすくなるように、ワイヤーを平ヤットコで挟み幅を細くする。

35 細くしたワイヤーをコームの歯の間に滑り込ませる。

36 コーム上辺の両端が、正面から見て花やつぼみで隠れるところに調整し位置を決める。

37 再度平ヤットコで34の束ねた付け根を挟み、ワイヤーの束を持ち左へ90度曲げる。

38 36で決めた位置に37をコームの間に滑り込ませ、37で曲げたワイヤーの束がコームの形に沿うようにさらにカーブをつける。

39 コームとワイヤーの束に、強力接着剤をつける。

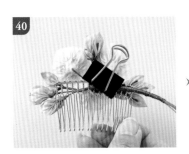

40 ボンドをつけたワイヤーとコームをクリップで挟んで固定し、完全に乾くまで待つ。

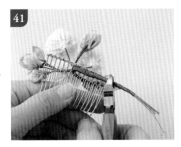

41 ボンドが乾いたら、コームの幅に合わせて余分なワイヤーをニッパーでカットし、断面にボンドをつけて糸端を留める。

42 フローラテープを縦半分にカットする。

43 コームにボンドをつける。

44 フローラテープを1cm残して1番目の歯の隙間に通し、ひと巻きする。

45 続けて2番目の歯の隙間に通し、ひと巻きする。

46

再度、1番目の隙間に通す。

47

1番目から3番目の隙間に通してひと巻きする。

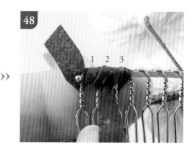

48

再度、2番目の隙間に通す。

49

47、48を繰り返して、最後までフローラテープを巻いていく。

50

向かって右側にあるワイヤーの接着部分も、47、48の要領で一緒に巻き上げていく。

51

巻き終わりに1cmほど残してテープをカットする。

52

51の残りのテープにボンドをつけ、ワイヤーの側面を覆うように貼って馴染ませる。

53

44の巻き始めも52と同様に処理する。

54

最後に形を整えて完成。

藤のかんざし

Photo » P97

【材料】

花A ………	羽二重（白）：3.5cm×8枚／羽二重（紫）：1.5cm×8枚／地巻きワイヤー#30：9cm×3本／地巻きワイヤー#28：12cm×5本／刺繍糸（緑）：適量
花B ………	羽二重（薄紫）：3cm×5枚／羽二重（紫）：1.5cm×5枚／地巻きワイヤー#30：9cm×5本／刺繍糸（緑）：適量
つぼみ …	羽二重（薄紫）：1.5cm×5枚、1.7cm×6枚、2cm×6枚／地巻きワイヤー#30：4.5cm×17本／刺繍糸（緑）：適量
葉 ………	羽二重（黄緑）：3.5cm×12枚／地巻きワイヤー#28：3cm×10本、12cm×2本／刺繍糸（緑）：適量
かんざし用	地巻きワイヤー#24：12cm×1本／2本足かんざし（105mm）：1本／刺繍糸（緑）：適量／丸カン：5mm×1個

【道具】
みゆき染め（赤、青）※混ぜて紫色にしておく／アルコールマーカー（黄）

つぼみを作る

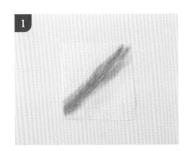

1 花Aの羽二重（白）は、写真のように紫色でぼかし染め（P18）をしておく。（※染めをしない場合は花Bと同じ布を使用）

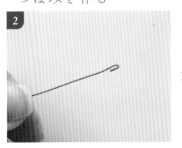

2 花A・B用とつぼみ用の地巻きワイヤーは、先端から1cmの箇所を平ヤットコで曲げておく。

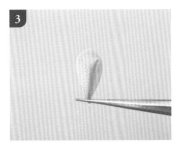

3 つぼみの布と、花A・B（紫）は全て丸裏返し（P13）でつまむ。

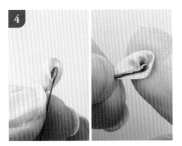

4 2にごく薄く木工用ボンドを塗り、3の裁ち目に曲げた部分をひっかけてつまみを返し、ワイヤーに圧着する。

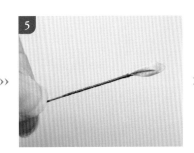

5 つぼみ用のワイヤーは、つまみの根元からワイヤーの中ほどまでボンドをつけ、糸で巻いておく。

花芯を作る

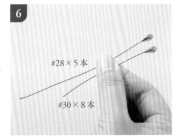

6 花A・B（紫）用の1.5cmの13本は2～4と同様に写真のように作り、ワイヤーに糸は巻かずに置いておく。

花びらを作る

7 花A（白）の3.5cmは、バラ（P89）の34、35と同様に先の尖ったひだ寄せつまみでつまむ。

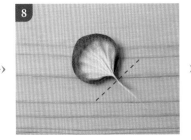

8 全てつまんだら乾かす。乾いてから点線の位置で端切りする。

花びらを葺く

9 中央の谷部分のひだのみを、ピンセットでそっと開く。

ハサミで中央部分に切り込みを4mm
ほど入れる。

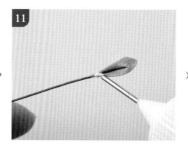

6の花用のワイヤーの根元にボンド
をつける。

10の切り込み部分に11の花用のワイ
ヤーを差し込む。

切り込み部分でワイヤーを挟むように
して、指で圧着する。このとき、つま
みはワイヤーに対して垂直気味にして
圧着する。

破線の位置で余分な布をカットする。

蛍袋（P39）のひばり結び（20工程
目）と同様に、糸の輪を作り花びらの
根元にかけて縛る。

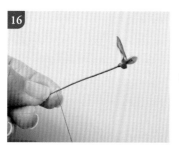

ボンドをつけ、花びらの根元からワイ
ヤーの中央付近まで糸を巻いたら、糸
はカットしボンドで留める。

花Aのつまみの中央部分を、黄色の
アルコールマーカーで写真のように着
色する。

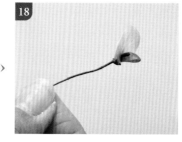

花B（薄紫）3cmも7〜14と同様に
作る。13で花Bのつまみは少し前
に倒すようにして圧着する。その後、
15、16同様に糸を巻いておく。

組み上げ

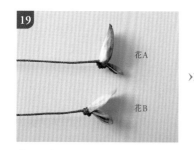

花Aと花Bの、花びらの角度の比較。
残りの花Aと花Bも同様に作る。

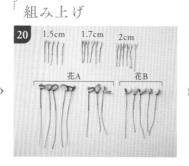

花とつぼみを大きさ順に並べ、小さい
ものから組んでいく。

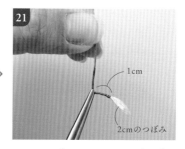

1.5cmのつぼみのワイヤーは1本を残し、
1.5cm、1.7cmはつぼみから8mm、2cm
は1cmの位置で、写真のように曲げる。

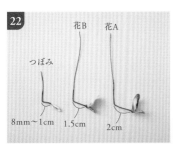

花Bは1.5cm、花Aは2cmと、だんだん幅を広げてワイヤーを曲げる。

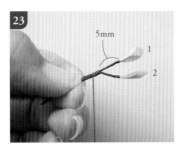

曲げていない1.5cmのつぼみの根元から5mmのところに曲げたつぼみの2本目を合わせ、糸で巻く。

次につぼみの3本目を2本目の反対側に合わせて数回巻く。

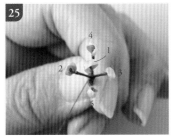

1の上につぼみの4本目を、1の下に5本目を合わせて糸で巻く。

5mm糸を上に巻き上げる。

次に、1.7cmのつぼみの6本目、7本目を先に巻いたつまみの間に入る位置に合わせ、同様に糸で巻き上げていく。

重ねたワイヤーが7本になったら、前の3本をカットする。

27、28を繰り返し、写真の位置に1.7cmのつぼみ（8、9）を組んでいく。

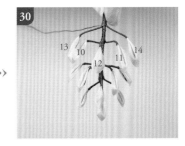

同様に1.7cmのつぼみ（10、11）と2cmのつぼみ（12〜14）を写真の位置に組んでいく。

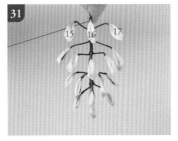

残りの2cmのつぼみ（15〜17）を組み上げる。つぼみの全てを組み上げた状態は写真のようになる。

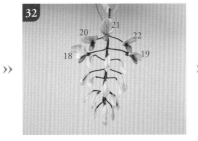

花Bの5本を、写真の位置に組み上げる。

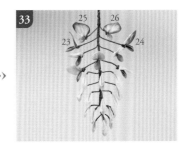

23〜25は花A（ワイヤー#30）を、26のみワイヤー#28で組み上げる。

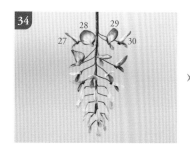

34

28 29
27   30

最後に、残りの花Aの4本（ワイヤー#28）を一番上に組み上げる。

35

2cm

そのまま2cmほど糸を巻き上げ、ワイヤーをカットし、糸端をボンドで留める。

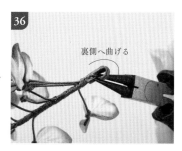

36

裏側へ曲げる

カットしたところから1cmほどの位置を丸ヤットコで挟み、裏側へ曲げる。

葉を作る

37

ワイヤーと36の曲げた部分とを5mmほど重ね、一緒に糸で巻く。余分な糸をカットし、ボンドで留める。

38

マリーゴールド（P52）の23〜29と同様に、12cmの葉を軸に左右3枚ずつで組み上げ、葉を作る。

39

もう1本の葉は左右2枚ずつの葉で組み上げる。

かんざしを組み上げる

40

かんざし用のワイヤーを、糸巻きワイヤー（P15）にする。先端から1cmほどとを丸ヤットコで丸め、重なった先端を糸で巻き上げ固定する。

41

1.5cm

1.5cm

40の先端から1.5cmのところの左右に、39の葉を根元から1.5cmのところに合わせ、3cmほど糸で巻く。

42

上から見たとき、輪は見えない

POINT このとき、かんざし用ワイヤーの先端の輪は上から見えないように縦に合わせる。

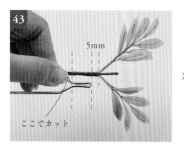

43

5mm

ここでカット

写真の位置で41の余分なワイヤーをカットし、裁ち目をボンドで馴染ませる。

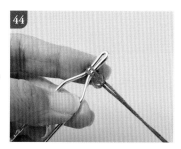

44

4本取りの刺繍糸の先から30cmのところでひばり結びの輪を作り、その輪をかんざしの先端に通して縛る。

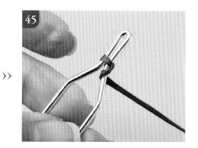

45

縛ったあとの2本の糸を、かんざしの足にくぐらせる。

46

かんざしの先端にボンドをつけて、糸を数回巻き付ける。

47

43のワイヤーにボンドをつけ、46の巻き始めの位置に貼り合わせて指で固定する。

48

そのままかんざしとワイヤーを糸で巻き上げていく。

49

かんざしの先端付近までできたら、ワイヤーとかんざしの出っ張りの間に糸を挟み手前に引く。

50

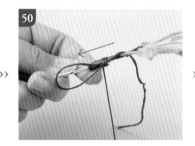

写真のように49で引いた糸の1本を輪にして、その上からもう1本の糸でかんざしのほうへ巻き下ろす。

51

下まで巻き下ろしたら、50で作った輪に糸の端を通す。

52

糸を左右に引っ張り、輪を縮める。

53

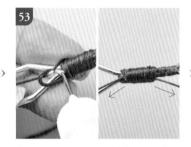

輪にボンドをつけて、最後まで左右に引き切る。

54

左右の余分な糸はかんざしの裏側に回してカットし、ボンドで留めておく。

55

かんざし用ワイヤーと、37の花の輪を丸カンで繋げる。

56

写真のように、平ヤットコで40のワイヤーと葉の首を一緒に持ち上げる。

57

最後に葉先を花のほうへ曲げて形を整え、完成。

蒼菊（あおぎく）

つまみ細工作家。「生花のような美しいつまみ細工」で注目を集める。
その他にも和菓子をモチーフにした作品や、家紋をモチーフにした
「つまみ紋」を考案するなど、独自の表現を追求している。
Instagram　@aogiku
https://shop.aogiku.design/

STAFF
装丁・デザイン　眞柄花穂
撮影　　　　　　横田裕美子（STUDIO BANBAN）
校正　　　　　　夢の本棚社
企画・編集　　　塚本千尋（グラフィック社）

商品協力
デリーター株式会社

リアルな花々が作れる　　はじめての花つまみ細工

2023年 9 月25日 初版第 1 刷発行
2023年10月25日 初版第 2 刷発行

著者：蒼菊
発行者：西川正伸
発行所：株式会社グラフィック社
　　　　〒102-0073
　　　　東京都千代田区九段北1-14-17
　　　　tel.03-3263-4318（代表）　03-3263-4579（編集）
　　　　fax.03-3263-5297
　　　　郵便振替　00130-6-114345
　　　　http://www.graphicsha.co.jp/
印刷・製本：図書印刷株式会社

ISBN978-4-7661-3777-4　C2076
Printed in Japan